Elogios para *El principio potencial*

«La palabra *potencial* siempre ha sido un término negativo. Implicaba lo que uno podía ser pero no era. Mark ha creado un plan para convertir nuestro potencial en una realidad. Todo aquel que piense que tiene más dentro de sí mismo de lo que ha alcanzado debería leer este libro».

—Scott Stratten, presidente de UnMarketing Inc.,
autor de *best sellers*

«*El principio potencial* no solo nos recuerda que siempre podemos mejorar, sino que nos proporciona el plan preciso para lograrlo. ¡Es de lectura obligatoria para aquellas personas que deseen ser exitosas!»

—Jay Baer, presidente de Convince & Convert y
autor de *Hug Your Haters*

«El fundador de nuestra compañía tenía la convicción de que cada día "debíamos volver a ganarnos, de todas las maneras posibles, la posición que ya habíamos alcanzado". Mark nos ha revelado el mapa del tesoro para llegar allí; me siento revigorizado».

—Dina Dwyer-Owens, presidenta del Grupo
Dwyer y autora de *Values, Inc.*

«Si alguna vez te has preguntado: "¿Puedo hacerlo mejor?", este libro es para ti. Si alguna vez has soñado con traspasar los límites de tus mejores logros, no te pierdas *El principio potencial* de Mark Sanborn».

—Jeff Goins, autor *best seller* de *The Art of Work*
y *Real Artists Don't Starve*

«El sabio consejo de Mark Sanborn en cuanto a interrumpirte a ti mismo es oportuno. El principio potencial recargará tus baterías para impulsarte hacia el próximo nivel de éxito. El futuro les pertenece a aquellos que siguen mejorando».

—Robert B. Tucker, autor de *Innovation Is Everybody's Business*

«*El principio potencial* es absolutamente sorprendente. Luego de haber resultado exitoso en diversas áreas de mi vida, recibí una llamada de atención por parte de Mark Sanborn. Leer y descubrir "lo bueno que podría ser" cambió mi orientación. Me llevó a dominar la Matriz Potencial y a descubrir la persona que siempre había querido ser».

—Rod Smith, dos veces campeón del Super Bowl de la Liga Nacional de Fútbol y autor de *The Rod Effect*

«En su último libro, *El principio potencial*, Mark inspira a otros a liberar su verdadero potencial. Enfatiza que lo único que nos limita es aquella limitación que nosotros mismos establecemos sobre nuestra vida. ¡Este libro nos provee el marco y la perspectiva acerca de cómo convertirnos en la mejor versión de nosotros mismos! Gracias, Mark, por siempre alentarnos a buscar una mejora constante. ¡Nos inspiras a emprender esa travesía!»

—Zoe Kane, directora ejecutiva de Sun Pharmaceutical Industries, Inc.

EL
PRINCIPIO
potencial

Un sistema ya probado
PARA CERRAR LA BRECHA ENTRE LO BUENO QUE UNO ES
Y LO BUENO QUE PODRÍA LLEGAR A SER

Mark Sanborn

GRUPO NELSON
Una división de Thomas Nelson Publishers
Desde 1798

NASHVILLE   MÉXICO DF.   RÍO DE JANEIRO

Titulo en inglés: *The Potential Principle*
©2017 por Mark Sanborn
Publicado en asociación con Yates & Yates, www.yates2.com.

Editora en Jefe: *Graciela Lelli*
Traducción: *Silvia Alicia Palacio*
Adaptación al diseño del español: *Grupo Nivel Uno, Inc.*

ISBN: 978-0-71809-772-1

Impreso en Estados Unidos de América
21 LSC 9 8 7 6 5 4 3 2

A todo aquel que se ha entregado a mejorar continuamente
y también a lograr que el mundo que lo rodea sea mejor.

Contenido

Tercera parte: Los medios para lograr el perfeccionamiento

PRIMERA PARTE

Por qué debes mejorar

CAPÍTULO 1

El principio potencial

Las riquezas, la notoriedad, la posición o el poder
no constituyen para nada una medida del éxito
alcanzado. La verdadera y única medida del éxito es
la proporción entre lo que podríamos haber hecho y
lo que podríamos haber sido, por un lado, y aquello
que hayamos hecho de nosotros mismos, por el otro.

—H. G. WELLS

En 1985 el atleta John Howard, participante por tres veces de las olimpiadas, se encontraba en Bonneville Salt Flats intentando establecer un nuevo récord de velocidad sobre terreno llano... en una bicicleta. Howard no conducía la Schwinn de tu papá. Su bicicleta había sido construida especialmente. Una vuelta de pedales la impulsaba más allá de los 110 pies (33,5 metros). Cuando Howard estableció el récord de velocidad sobre terreno llano, el monitoreo de su frecuencia cardiaca registraba 195 latidos por minuto. ¿Cuál fue su velocidad máxima? 152 millas por hora (245 km/h).

Si imaginas que esta es la velocidad máxima que se alcanza andando en bicicleta estás equivocado. Una década después, un europeo superó el logro de Howard al alcanzar una velocidad máxima de 166,9 millas por hora (268 km/h).

Puede ser que tengas poco o ningún interés en las bicicletas o en los récords de velocidad sobre llano. Ese no es el punto. Lo importante es esto: no tenemos ni la más mínima idea de lo que se puede lograr física y mentalmente, o en lo organizacional. La mayoría de nosotros subestimamos nuestro propio potencial y el de los demás.

MÁS ALLÁ DE LA EXPERIENCIA

Aunque no puedo leer los pensamientos, sí puedo decir con un alto grado de certeza que al menos te sorprendiste, si es que no quedaste estupefacto, por el hecho de que un ser humano pudiera conducir una bicicleta a una velocidad tan alta. Nada de lo experimentado por una persona promedio al conducir bicicletas sugeriría que alguien pudiese hacerlo a una velocidad tan alta como 150 millas por hora (241 km/h). *Nosotros* nunca hemos andado en bicicleta a más de 40 (65 km), o tal vez 50 (80 km), millas por hora. Además, *la mayoría de nosotros* nunca ha viajado en automóvil a una velocidad mayor a las 110 o 120 millas (180 km/h). Fundamentados en nuestra propia experiencia —o sea, *en lo que conocemos*— la mayoría de nosotros supondría que la velocidad máxima de una bicicleta sería mucho más baja de lo que en realidad resulta posible.

Eso significa que a veces nuestra experiencia —nuestro marco de referencia— nos funciona en contra. En este caso, nuestra experiencia no nos condujo a un completo fracaso: no dijimos que fuera posible conducir a 500 millas por hora (805 km/h). Pero establecimos un límite a partir de lo que *pensamos que era posible*, solo para descubrir que no teníamos ni idea. Por supuesto, a la mayoría no nos molesta para nada el hecho de haber subestimado las velocidades récords de las bicicletas.

¿Pero qué sucede cuando el tema eres tú y tu potencial? La pura verdad es que para medirnos a nosotros utilizamos la misma capacidad deductiva que la que usamos para tratar de determinar la velocidad más alta que pueda desarrollar la más rápida de las bicicletas. En realidad, es aún peor. Mi pregunta acerca de la velocidad máxima que alcanza una bicicleta tenía como propósito poner a prueba tu imaginación. Pero qué si hubiera preguntado: «¿Qué velocidad puedes alcanzar *tú* conduciendo una bicicleta?».

Ahora tu experiencia funciona aún más en tu contra. Otra vez digo: yo no puedo de ninguna manera saber la rapidez con que tú piensas que puedes andar en bicicleta. Pero puedo decirte algo: es muy probable que tu respuesta sea equivocada. Puedes conducir la bicicleta a una velocidad mucho más alta de lo que piensas.

Tu imaginación se ve limitada por tu experiencia. Tal vez sea por eso que se afirma que Einstein señaló que la imaginación es más importante que el conocimiento, «porque el conocimiento se limita a todo lo que sabemos y comprendemos».

Lo más probable es que al realizar tu estimación sientas temor de *no ser realista*: quizás en el pasado te hayan criticado por apuntar demasiado alto o por intentar lograr demasiado. O tal vez fallaste en alcanzar una meta establecida por ti o por tu jefe, y ese recuerdo todavía te produce escozor. Cualquiera sea la razón, la experiencia nos lleva a bajar las expectativas: apenas un poquito más, otro poquito más, una pizquita más. Hasta allí. Podemos alcanzar esa velocidad.

Ahora olvidémonos de la bicicleta.

¿Cuán bueno puedes llegar a ser? ¿Cuánto mejor de lo que eres ahora?

MEJOR QUE TUS MEJORES ESFUERZOS

Este libro no tiene que ver con realizar lo imposible, como desafiar la gravedad o volar sin equipo de ningún tipo. No trato de decir que tú puedas andar en bicicleta más rápido de lo que lo has hecho o que al menos debas intentarlo. Este libro apunta a que superes tus mejores marcas. Se enfoca en ayudarte a mejorar cualquiera de las áreas que tú elijas, y en que te vuelvas mejor de lo que fuiste antes.

Este libro no se enfoca en que alcances tus sueños, cualesquiera que ellos sean. Si siempre has deseado comenzar un negocio, este libro no te dirá el cómo. Muchos de los lectores pueden ya haber alcanzado sus sueños: desarrollado cierta habilidad, corrido una maratón, iniciado un negocio exitoso o publicado un libro. El mensaje de este libro es el siguiente: *No importa lo bueno que hayas llegado a ser hasta aquí, puedes ser aún mejor.* Sin que importe lo que hayas hecho hasta ahora, todavía no has agotado todo tu potencial.

Para algunos de nosotros, hacer algo que nunca habíamos intentado, o que siempre habíamos deseado realizar, constituye un logro en sí mismo. Lo llevamos a cabo y luego seguimos adelante. ¿Pero acaso alguna vez avanzamos dejando atrás nuestro papel de padre o madre? ¿Avanzamos dejando detrás una carrera? ¿Avanzamos más allá de vivir una vida con propósito? Estas son ocupaciones que no tienen fin. No hay en ellas una línea de llegada. Uno no se puede quitar el polvo de las manos y decir: «Bueno, fue divertido. ¿Qué sigue ahora?».

Mejorar en las áreas importantes de nuestra vida puede resultar un camino en permanente desarrollo.

Consideremos este ejemplo: John no es simplemente un doctor. Es el cirujano en jefe de cardiología de uno de los mejores hospitales que existen. Eso significa que John es uno de los mejores cirujanos del mundo en cardiología. Tanto los pacientes como sus colegas se acercan a él cuando enfrentan el problema más duro, el caso más difícil, el desafío más formidable. Aunque modesto y humilde con respecto a los demás, John sabe que es el mejor. Ser cirujano requiere de cierta confianza en uno mismo, una firme convicción en cuanto a los propios talentos. John la tiene. Él *desea* enfrentar los casos más difíciles porque *sabe* que es el mejor.

En esta etapa de su carrera, John se halla ante dos posibilidades. Una, considerar que ha alcanzado el pináculo más alto del éxito profesional. Como no tiene que probarse nada a sí mismo ni ante los demás, puede descansar en la seguridad de que siempre será considerado uno de los mejores cirujanos del mundo. Puede, como lo señala el dicho popular, dormirse en sus laureles.

O, como segunda opción, puede aceptar el desafío de convertirse en mejor de lo que es. Mejorar en sus habilidades ya excelentes, y continuar enfrentando desafíos y siendo estimulado por ellos. Pero la cuestión es esta: cuando eres el mejor, ¿quién puede ayudarte a mejorar aún más? Constituye un desafío gigantesco. ¿Por qué? Porque John constituye el estándar sobre el cual los otros cirujanos se comparan. Él no cuenta con nadie que vaya delante y al que poder emular. Para llegar a ser mejor —para acercarse a su verdadero potencial— tendrá que superar la marca que se ha propuesto.

Consideremos esta cita de una de las películas más populares de los últimos cincuenta años: «Caballeros, ustedes conforman el uno por ciento más eficiente de todos los aviadores navales: la elite. Son los mejores de los mejores. Nosotros los vamos a hacer aún mejores».[1] (¿Reconociste la película? Se trata de *Top Gun*).

Presupongo que si estás leyendo esto tú ya eres bueno en lo que haces, y que quizás hasta estés entre los mejores. Entonces, ¿cuál es mi tarea? Mostrarte cómo seguir mejorando para acercarte a la plenitud de tu potencial. O, más exactamente, *hacer que tu manera de ser mejor siga creciendo.*

¿MEJOR EN QUÉ?

Si tú eres un aviador naval, un atleta profesional, un cirujano renombrado mundialmente o una estrella de cine, me encanta que estés leyendo este libro. Pero la mayoría de nosotros no trabaja en campos tan exclusivos. Somos ejecutivos, vicepresidentes, CEOs, CFOs, directores, gerentes, vendedores; somos padres, madres, empleados, amigos, asociados, pares; somos atletas, entrenadores, compañeros de equipo o mentores. Este libro es para todos nosotros. Y digamos que no haré mucha distinción entre lo que es ser el mejor presidente y la mejor madre. Lo que implica poder llevarlos a ambos a que sean mejores es básicamente lo mismo.

Y esto hace surgir la pregunta más básica: ¿mejor en qué? Mejor en aquello que te importa. Mejor en cuanto a ser alguien al que otros respeten, emulen y en quien confíen. Mejor en cuanto a ser alguien que continúa mejorando y alcanzando logros. Una persona que motiva, desafía e inspira a otros a través de su ejemplo. Puede ser que no lo hayas considerado así, pero esas cualidades y otras definen el liderazgo, y constituyen las pequeñas medidas que nos permiten comenzar a evaluar cómo y en qué nos vamos volviendo realmente mejores, y desarrollando más nuestro potencial.

Con certeza puedes medir en dinero tu logro en cuanto a estar mejor de lo que estabas: a través de ventas, ingresos y ganancias que aumentan. Esas constituyen mediciones legítimas del éxito (precisamente las que necesitas utilizar para lograr mantener tu empleo). Espero poder demostrar, sin embargo, que el progreso monetario generalmente se produce como resultado de mejorar aquello en lo que ya eres el mejor.

Como veremos, las capacidades que las personas deben perfeccionar para ser mejores de lo que han sido con frecuencia son diferentes de aquellas que las han conducido a la posición que ocupan en el presente. En tanto que muchas personas piensan en mejorar en su trabajo o en su capacidad de desempeño, la meta más importante es enfocarse en desarrollar tus habilidades mentales, contemplativas y reflexivas. Estas son medidas que no pueden ser mensuradas por la evaluación de un empleador, pero miden las capacidades que nos permiten avanzar más allá de lo que jamás hayamos considerado posible.

No le puedo enseñar a John, nuestro cirujano en jefe de cardiología, aquellas cosas referidas a la medicina o a la cirugía. Pero puedo enseñarle el proceso del que él, o cualquier otro, puede valerse para mejorar. Desafiarlo en su pensamiento y comprensión, y proporcionarle nuevas perspectivas que pueda aplicar dentro de esa área altamente especializada. Y eso es lo que haremos a través de este libro. Del mismo modo en que no tengo nada que decirle a John sobre medicina, es probable que no tenga nada que decirte a ti con respecto a tu profesión. Pero al mejorar más allá de lo que ya hemos mejorado, resulta irrelevante cuál sea la cuestión, se trate de un empleo, un *hobby* o una ocupación. La cuestión somos nosotros. Tú. Yo. Si la meta es que *nosotros* seamos aquellos que mejoran, entonces lo que hace falta mejorar está dentro de nosotros.

LIBERAR EL POTENCIAL

En las ciencias cognitivas se da un fenómeno conocido como el efecto Pigmalión. También se lo conoce como el efecto Rosenthal, por uno de los psicólogos que lo descubrió. El fenómeno es bastante simple: revela que las altas expectativas conducen a un mejor desempeño. El fenómeno es más que una teoría; eso se ha demostrado en el laboratorio.

Entonces, ¿por qué no esperar más de nosotros mismos? Esto puede resultar especialmente difícil si ya somos buenos (y hasta los mejores) en algo, dado que entonces tendremos dificultades para imaginar cuán mejores podríamos llegar a ser.

Como resultado, limitamos nuestras expectativas, lo que a su vez es una manera de limitar las decepciones. Si esperamos mucho con frecuencia nos desilusionamos. Y, para evitarlo, bajamos nuestras expectativas. Aquel que espera poco y obtiene poco nunca se verá decepcionado.

Una de las claves para lograr un progreso continuo es tener la disposición a arriesgarse a una decepción, sin considerar la decepción como algo malo a evitar, sino como una prueba positiva de que apuntamos más alto y luchamos por mejorar. Me arriesgaría a decir que las personas muy exitosas enfrentan la decepción con mayor frecuencia que las demás. Pero no permiten que la desilusión las moleste.

Así que las preguntas a responder son:

- ¿De qué manera imaginas un futuro más importante que tu pasado?
- ¿Cómo puedes elevar tu percepción en cuanto a la velocidad a la que puedes llegar al andar en bicicleta?
- ¿Cómo te sobrepones a las limitaciones de tus experiencias?
- ¿Cómo te imaginas a ti mismo si te volvieras mejor de lo que ya eres?

Este libro apunta a que liberes tu imaginación para que procures desarrollar más tu potencial. Y cuando lo hagas, lo mejor de ti continuará volviéndose mejor aún.

CAPÍTULO 2

¿Por qué mejorar?

Este es un planeta interesante. Merece toda
la atención que podamos prestarle.

—MARILYNN ROBINSON, *GILEAD*

A través de los años he trabajado con muchas empresas e individuos que me han dicho que su meta era convertirse en los mejores en aquello que hacían. Cada uno de ellos deseaba ser reconocido como el número uno o el mejor en su campo o industria. Para algunos la meta era simplemente algo a lo que aspiraban; pero otros en verdad alcanzaron la meta.

Convertirse en «el mejor» es en verdad difícil. Requiere enfocarse con intensidad y disposición a invertir el tiempo, las energías y el dinero que la mayor parte de la gente no quiere o no puede invertir.

Y no hay garantías. Tú puedes trabajar durante años y aún así descubrir que el alcanzar la cima resulta algo esquivo, escurridizo. Pero, por difícil que resulte el intento de convertirse en el mejor, existe algo todavía más difícil: *convertirse en el mejor y continuar luego procurando ser aún mejor.*

LLEGAR A SER AÚN MEJOR SIEMPRE LE GANA A SER SIMPLEMENTE EL MEJOR

Solo hay una cosa que le gana a lo «mejor» (la mejor compañía, el mejor intérprete, el mejor logro), y es volverse *aún mejor*.

Aún mejor. Ser aún mejor supera a ser el mejor.

Ser aún mejor es un adelanto. Aumenta el valor y derrota a la autocomplacencia. Ser aún mejor nos lleva hacia adelante y hace que «el mejor» quede en segundo lugar.

A todo el mundo le gusta lo que es aún mejor: aún mejores relaciones, aún una mejor salud, aún mejores empleos. Todo aún mejor.

¿Alguna vez escuchaste a alguien decir: «Por favor, no hagas eso aún mejor»? No lo creo.

Los clientes quieren lo que es aún mejor. Les gusta recibir más en cuanto a servicios, productos y beneficios.

Nuestros empleadores quieren lo que es aún mejor. No nos pagarán más dinero simplemente para recibir el mismo desempeño. Si queremos incrementar el potencial de nuestros ingresos debemos también aumentar el valor con el que contribuimos a nuestra empresa.

Si tú eres un empleador, un líder o un gerente, tus empleados y los miembros de tu equipo probablemente quieran ver una mejoría también. Desean que tú los conduzcas hoy un poco mejor de lo que los condujiste ayer. No aceptan con mucho entusiasmo la autosuficiencia de un jefe, así como el jefe no acepta la autocomplacencia de un empleado.

¿Y qué con respecto a nuestro hogar? ¿No preferiría tu cónyuge tener una mejor relación contigo, independientemente de lo buena que sea hoy? ¿No crees que luego de diez años de matrimonio la relación entre ustedes debería ser mejor de lo que fue después de las primeras diez semanas? Deseamos que el amor crezca, no que se estanque.

Si no te conviertes en un mejor padre a medida que envejeces es porque no estás prestando atención. Si deseas que tus hijos se vuelvan cada vez mejores, eres tú el que debe marcar el ritmo y ser un ejemplo.

Resumiendo, ser aún mejor constituye la principal estrategia para alcanzar el éxito en tu vida profesional y personal.

TRES RAZONES PARA MEJORAR PROFESIONALMENTE

Necesitas una motivación convincente para cambiar cualquier conducta. Entre las mejores motivaciones está el descubrir los beneficios que resultan de realizar ese cambio. El impulso para buscar el desarrollo de tu potencial resultará más exitoso si tienes claridad en cuanto a los beneficios que ese esfuerzo te proporcionará.

1. Los clientes

Me comunico a través de mi blog con cuatro grandes amigos y colegas: Joe Calloway, Scott Mckain, Randy Pennington y Larry Winget. Y periódicamente nos transmitimos nuestras perspectivas sobre algún tópico específico.

Recientemente nos abocamos a esta cuestión: ¿cuál será el mayor desafío comercial que enfrentaremos en el futuro? Mi respuesta fue: las expectativas cada vez más altas de los clientes. Ellos no solo quieren más y lo piden, sino que cada vez demandan más y lo consiguen; y si no, se van a otra parte.

Ese es el problema cuando uno se vuelve muy bueno: las expectativas resultan excesivamente altas. No esperamos mucho de los negocios mediocres, y cuando no obtenemos mucho eso no nos sorprende. Pero cuando hacemos negocios con una organización de elite las cosas son diferentes: tenemos mayores expectativas, nos mostramos más sensibles ante esa experiencia y nos decepcionamos más cuando no recibimos lo que esperábamos.

Si no estás creciendo en cuanto al valor de tu oferta y en tu capacidad de distribución (resumiendo, en mejorar) es muy improbable que crezca tu flujo de clientes (a menos que compitas en precio en el nivel más bajo del mercado).

2. Los competidores

¿Saben por qué el enjambre de langostas avanza tan rápido? Porque cada langosta procura comerse a la que tiene delante.[1] Y porque cada una se ve perseguida por otra langosta que desea comérsela. Si vuelas más rápido conseguirás tu almuerzo; si no vuelas con la suficiente rapidez te convertirás en almuerzo.

¿Eso no se parece mucho a la competencia que reina en los lugares de trabajo hoy en día? Tú estás procurando quitarles su porción del mercado a tus competidores y, al mismo tiempo, tus competidores quieren quitarte tu porción del mercado a ti.

Compites por una promoción en tu empleo que otra media docena de tus colegas también ambiciona. O te presentas a una entrevista de trabajo por un nuevo puesto en otra compañía junto con una multitud de candidatos que van tras el mismo empleo.

Me encantó lo que dijo el entrenador de fútbol Woody Hayes cuando yo estaba en la Ohio State University: «O ustedes mejoran o se vuelven peores». En un mundo en el que todos compiten el *status quo* es un mito. Si permaneces igual que siempre pierdes terreno con respecto a los que te rodean y se esfuerzan por ser aún mejores.

3. Los cambios

¿Cuál es la diferencia entre ciencia ficción y realidad? Con frecuencia, solo una cuestión de tiempo. Quedé pasmado al leer un artículo en el *Wall Street Journal* que relataba que en China se realizaban transplantes de cabeza. No en humanos sino en ratones. Un destacado cirujano logró transplantarle una cabeza a un ratón que luego sobrevivió por un día.[2] Puede que esta no sea una gran noticia para los ratones, pero sorprende en cuanto a la dirección en la que va la medicina y lo que puede llegar a lograr en poco tiempo.

¿Han quedado comercios o industrias de existencia perenne? ¿Y qué de la conducción de taxis? Siempre habrá demanda de conductores de taxi, ¿no es verdad?

Se presentó Uber y puso patas arriba el negocio de los taxis. Pero algunos pronosticadores dicen que Uber y otros servicios como este no tienen la capacidad de proveer transporte a largo plazo. Puede ser que algún día la NEVs —vecindad de vehículos eléctricos sin conductor— desplace a muchos vehículos conducidos por humanos. Y eso también explica los recientes esfuerzos de Uber por adquirir automóviles que no necesiten conductor. Las compañías hábiles —al igual que las personas inteligentes— están atentas a las amenazas potenciales que crean los cambios, y luego intentan realizar trabajos alternativos en la misma dirección en lugar de ir en contra.

En un mundo donde el cambio es constante, uno no puede destacarse solo por las habilidades del pasado. Algunas de esas habilidades necesitan ser mejoradas; algunas otras, reemplazadas. Y esa es otra tremenda razón para procurar mejorar aún más.

VOLVÁMOSLO PERSONAL

«¡Cada uno lleva dentro una buena noticia! ¡La buena noticia es que tú no sabes en realidad lo grandioso que puedes llegar a ser, cuánto puedes amar, lo que eres capaz de lograr y cuál es tu potencial!»

—Ana Frank

Como acabamos de ver, hay muchas razones por las que necesitas mejorar profesionalmente. Pero también hay razones de peso por las que necesitas mejorar en lo personal.

El propósito

¿Por qué haces lo que haces? ¿Por qué te levantas de la cama, vas a trabajar y marchas por la vida cada día? Una razón es el hábito, por supuesto. Los seres humanos somos criaturas de hábito que tendemos a realizar los mismos movimientos día tras día. Otra razón es la necesidad: la compensación que recibimos en el lugar de trabajo mantiene la vida de nuestro hogar marchando viento en popa.

Pero no nos olvidemos del propósito. El propósito es la respuesta fundamental a la pregunta sobre por qué haces lo que haces. Lo sepas o no, es la razón por la que existes, tu razón.

¿Cuántos son los estadounidenses que conocen su propósito? Los centros para el control y la prevención de las enfermedades dicen que cuatro de cada diez personas aún no han descubierto un propósito satisfactorio para su vida.

El trasfondo de mi elección en cuanto a cómo visualizar el mundo proviene de la escuela filosófica existencial. El existencialismo es la creencia de que vivimos en un mundo difícil de entender, y que los individuos son libres y responsables de lo que hacen con ellos mismos. En tanto que no existe un propósito externo, el desafío consiste en crear un propósito para uno mismo.

Como persona de fe, sin embargo, tengo una cosmovisión fundamentada en la creencia de que nuestras vidas tienen un propósito que es externo a nosotros, y uno que no es tanto creado, sino más bien descubierto por nosotros. Sea que estés de acuerdo o no con mi concepción del mundo, el desafío sigue en pie: ¿cómo puedes crear o descubrir el propósito que hay detrás de tus actividades y emprendimientos?

Cuanto mejor te vuelvas, en mejores condiciones estarás de cumplir tu propósito. En definitiva, solo los logros motivados por un propósito se vuelven sustentables. De otra manera te arriesgas a llegar a esta conclusión: *si en definitiva nada importa, ¿para qué intentarlo?*

El potencial

> «El mayor desperdicio del mundo es la diferencia que existe entre lo que somos y aquello en lo que podríamos convertirnos».
>
> —Dr. Ben Herbster

No hace mucho di un discurso ante una empresa multinacional de electrónica. Justo antes de subir al escenario, congratulé al primer vicepresidente de ventas por el éxito alcanzado por la compañía. «Congratulaciones», le dije. «Usted y su equipo le llevan la delantera a sus competidores por un margen significativo en lo que hace a participación en el mercado».

«¡Por favor, no vaya a decir eso en el estrado!», me dijo con voz irritada. «Estamos liderando en nuestra industria, pero no hemos alcanzado logros al nivel de nuestras capacidades. No pretendemos ser un punto de referencia comparándonos con nuestros competidores. Queremos medirnos por nuestro nivel de capacidad».

¿Y tú? Puede que seas tremendamente exitoso, ¿pero estás viviendo al nivel de tu verdadero potencial?

Si en realidad tienes un propósito, ¿resultaría sensato que ese propósito incluyera el *no* vivir a la altura de tus capacidades y potencial?

Muy pocas veces me he encontrado con personas que creen estar alcanzando su verdadero potencial. Sé que yo no lo estoy haciendo. El problema es que en realidad no sabemos lo buenos que podemos llegar a ser. Muchos de aquellos con los que me encuentro y trabajo tienen disposición a reconocer que ciertamente podrían hacer más, lograr más y ser más de lo que han sido hasta aquí.

Entusiasma despertarse a la mañana sabiendo que es posible lograr más. Deberíamos sentirnos agradecidos por lo que tenemos, por lo que hemos logrado y por la persona en la que nos hemos convertido. Pero también deberíamos agradecer que se nos dé un día más para perseguir nuestro potencial y descubrir cuánto mejores podríamos ser.

La gente

¿Alguna vez conociste a alguien que estuviera tan exhausto (sea por falta de sueño, de recursos, de salud o de ambiciones) que no tuviera nada que ofrecerles a los demás?

Eso resulta muy triste para la gente que pasa por eso, y también para aquellos que los rodean. La situación es difícil en todo sentido. Al mismo tiempo, las personas más dinámicas que conozco son aquellas cuya vida está llena de entusiasmo, experiencias, habilidades y conocimiento, lo que las convierte en un recurso rico y en bendición para todos aquellos con los que se encuentran.

Cuando tú mejoras, las personas con las que convives también se benefician. Cuanto mejor eres, mayor contribución les haces a los demás.

Y algo más: creo que el verdadero éxito en la vida tiene que ver con poder ganar el dinero necesario para cumplir con nuestros más altos valores, aquellos que están en el centro y le dan sentido a lo que hacemos.

CON EXACTITUD, ¿QUÉ ES LO MEJOR?

¿Quién determina qué es lo mejor? Tú.

Mejorarás en aquellas áreas en las que desees progresar.

Al iniciar este proceso de superación, sería sabio considerar los aportes de las personas con las que convives y trabajas. Progresar en una habilidad de la que disfrutas pero que no le parece importante a tu jefe no te hará mejor en tu trabajo. Puede volverte mejor en términos generales, y producirte alegría, pero para impresionar a tu jefe, lo que necesitas es descubrir esa intersección importante en la que se cruzan la superación deseada y la superación rentable.

También es así con respecto a los clientes. Los que compran productos y servicios los piden cada vez mejores. Una mejora que no le resulte importante al cliente puede resultarte satisfactoria a ti, pero no aumentará los ingresos. Yo he tenido muchísimas ideas brillantes. El problema es que mis clientes no siempre estuvieron de acuerdo conmigo.

Así que, al definir lo que tú crees que es lo mejor, ten en cuenta que en la práctica lo mejor raramente se da en una situación de aislamiento. Tú vives y trabajas con otros que reciben el impacto de tus mejoras (o la falta de ellas). Tiene sentido entonces que los incluyas al determinar las medidas que usarás para lograr que lo mejor que has alcanzado sea aún mejor.

SÓLO UNA COSA PUEDE EVITAR QUE TÚ MEJORES

Recientemente estuve trabajando con un cliente acerca de sus habilidades como presentador. No es un orador profesional, pero sí un ejecutivo con el compromiso de progresar continuamente. Sabe que cuanto mejor aprenda a comunicarse más eficaz resultará como líder.

«Me gustaría que mi jefa recibiera alguna ayuda de parte suya en cuanto a su habilidad para hacer presentaciones. Resultaría mucho más eficaz. Pero nunca sucederá», señaló mi cliente.

¿Por qué?

«Ella no cree que necesita ayuda».

Uno no puede ayudar a aquellos que piensan que no lo necesitan. Si uno lo intenta se resistirán, y muy posiblemente se resientan. El mejor maestro puede ayudar a que se despierte el deseo de aprender en un estudiante, pero no puede hacer que un alumno aprenda. Un gran entrenador puede inspirar y enseñar, pero solo funcionará con aquellos que deseen realizar el trabajo. Un tremendo líder puede transmitir una visión convincente y entregar un mapa de ruta para lograrla, pero cada miembro del equipo deberá estar dispuesto a emprender la travesía.

Yo mismo soy mi mayor obstáculo. Tú eres tu mayor obstáculo. Como dijo el pastor D. L. Moody una vez: «He tenido mayores problemas conmigo mismo que con cualquier otra persona».

Probablemente hayas oído decir que la mayoría de las personas hacen las cosas tan bien como pueden hacerlas. Yo creo que la mayor parte las hace *tan bien como quieren hacerlas*. Las personas que saben cómo mejorar, pero no están dispuestas a invertir el tiempo y el esfuerzo que se requiere para ello, son mayoría.

Almorcé con un amigo que acababa de relacionarse con una nutricionista para que lo ayudara a mejorar su salud. Le pregunté cómo iban las cosas. Me dijo: «Todo iba terrible… hasta que decidí hacer lo que tenía que hacer». Al igual que muchos, él había tenido la esperanza de que trabajar con una nutricionista resultaría suficiente. Ella lo ayudó a cambiar su manera de pensar, pero aún faltaba que hiciera la tarea y comiera de un modo diferente. La mejor información resulta inútil hasta que uno la aplica.

Mi amigo era la prueba de que no existen soluciones mágicas. Ningún entrenador, mentor, consejero, consultor, empleado, amigo, padre o cónyuge puede hacerlo por ti. Cada uno de ellos puede alentarte y ayudarte, pero finalmente tú deberás realizar la tarea.

DOS CAMINOS QUE LLEVAN A MEJORAR

Hay dos caminos que nos llevan a progresar: una mejora de la matriz y una mejora en los logros.

Mejora de la matriz, tal como lo iré dando a conocer en los siguientes capítulos, significa comprender las cuatro áreas de probable mejoría: *el pensamiento, el desempeño, el aprendizaje* y *la reflexión.* Explicaré el potencial y las dificultades que presenta cada una de estas cuatro áreas, y les mostraré la forma en que pueden mejorar los logros en cada una de ellas. La mejora de la matriz tiene que ver con enfoque y habilidad. Si trabajas en las cuatro áreas de tu matriz mejorarás.

La mejora en los logros proviene de utilizar regularmente un pequeño conjunto de herramientas, dando pasos que eviten la autocomplacencia, produzcan mejoría y atraviesen las barreras. Estos son los pasos que cada uno de nosotros necesita dar:

1. Detenernos por nosotros mismos (antes de que otro lo haga).
2. (re)Enfocarnos.
3. Involucrar a otros.
4. Expandir nuestra capacidad.

Al combinar la mejora de la matriz con la mejora en los logros, y utilizar las dos regular y eficazmente, entrarás de lleno en el camino para lograr mejorar más allá de lo que ya lo has hecho.

¿QUÉ ES LO QUE DESEAS?

Antes de que puedas mejorar debes desear esa mejoría. He encontrado infinidad de personas felices dentro del *status quo*. Están haciendo las cosas bastante bien y se sienten conformes. Bien por ellas. Ese lugar es mucho mejor que estar descontentas. Pero, para mí, e imagino que para ti también, la autocomplacencia no es el camino a seguir.

La supervivencia y el éxito requieren que cada uno de nosotros mejore su juego en algún punto. Fracasar en hacerlo solo resultará en la pérdida de oportunidades o en una disminución del estándar de vida. Tú puedes enmarcar la realidad como un deber que te deprime o como una increíble oportunidad. Elijo lo segundo.

Cada uno de nosotros puede ser mejor en cualquier cosa si realmente desea superarse. Tal vez nunca lleguemos a ser los mejores, pero siempre podemos superar nuestro mejor nivel. Y eso cuenta.

¿No te gustaría descubrir todo lo bueno que podrías llegar a ser?

Entonces sigamos juntos el principio potencial y descubramos lo pequeño que es el espacio que existe entre lo bueno que eres y lo bueno que puedes llegar a ser.

CÓMO PUEDO MEJORAR

Joe Calloway: asesor, orador y autor

Considero a la curiosidad como una destreza que nos lleva a mejorar. Yo he desarrollado y ejercitado mi propia curiosidad tal como lo haría con cualquier otra habilidad. Leo artículos, libros, periódicos y sitios web sobre temas que, a primera vista, no tienen nada que ver con mi trabajo, con mi carrera o con mi vida. Pero lo que estas fuentes, aparentemente casuales, hacen por mí es iluminar ideas que me llevan por senderos en los que descubro nuevas perspectivas del mundo. Ejercito mi curiosidad de esta manera, con intencionalidad, del mismo modo que ejercito mi cuerpo en el gimnasio. Mi curiosidad me conduce a nuevas maneras de pensar, lo que me lleva a ser mejor en aquello que hago.

SEGUNDA PARTE

El camino hacia la superación

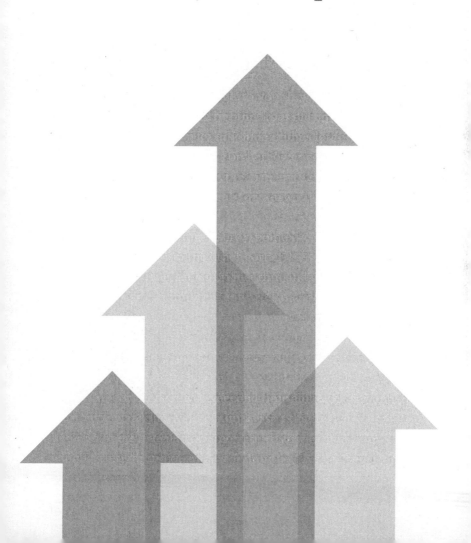

CAPÍTULO 3

La matriz potencial

La verdadera felicidad tiene que ver con la plena
utilización del potencial y los talentos que uno posee.

—JOHN GARDNER

Crecí utilizando mapas de papel. Desplegarlos era fácil. Volver a doblarlos era difícil. Pero la información que proporcionaban resultaba crucial. Cuando uno planeaba un viaje lo primero que consultaba era un buen mapa.

El valor de un mapa no solo tiene que ver con mostrar la manera de llegar a destino. También señala aquello con lo que nos encontraremos a lo largo del camino. Y, como sucede con muchas otras cosas en la vida, la ruta que elegimos depende de aquello que deseamos experimentar. ¿Estamos buscando el trayecto más corto entre A y B, que se destaque por su eficiencia estratégica, o acaso un camino más largo que nos permita ver y experimentar otras cosas como para entretenernos? ¿Queremos tomar la autopista o encaminarnos por rutas secundarias? ¿Lo que buscamos es pasar por bellos pueblitos o atravesar ciudades fascinantes?

A través de los años he desarrollado un mapa con cuestiones que muestran cómo alcanzar el propio potencial. A este «mapa» se lo puede describir más adecuadamente como una matriz dividida en cuatro cuadrantes que resultan cruciales en la travesía por lograr una mejoría.

Como veremos, este tipo de representación en cuatro cuadrantes muestra una manera práctica de considerar la experiencia del liderazgo y el crecimiento. Te ayudará a encontrarles sentido a aquellas travesías que has realizado (y también a aquellas que no has realizado). Como seguramente ya habrás aprendido a través de los años, las rutas que puedes elegir para llegar a cualquier destino son prácticamente incontables. Sin embargo, lo que resulta fascinante es que la mayoría de las personas se ciñe solo a una ruta, privándose de la variedad y creatividad que proviene de intentar diversos caminos.

LOS BENEFICIOS DE USAR LA MATRIZ POTENCIAL

La matriz potencial logra lo siguiente:

1. *Provee un camino ya probado hacia el logro de una mejora,* sin que importe lo bueno que tú seas ya. Familiarizarte con los cuatro cuadrantes no resulta suficiente; en lugar de eso, nos enfocaremos en optimizar cada cuadrante hasta el grado en que tú lo necesites.

2. *Nos permite hacer un uso pleno de nuestro espectro de recursos y habilidades.* Hay un elemento clave a tener en cuenta con respecto a este simple mapa: en el momento presente tú no estás utilizando las cuatro áreas a la vez (o, para ser más específicos, estás sobreutilizando un área e infrautilizando las otras). El sobreutilizar y el infrautilizar se traducen en espacio para lograr mejoras.

3. *Impulsa a cada uno de los otros cuadrantes.* Cada área complementa a las otras. Si tú quieres avanzar hacia lo mejor, desearás usar cada una de las cuatro áreas identificadas. El hacerlo te ayudará a alcanzar tu destino más rápidamente y, además (y acaso más importante), a enriquecer el viaje.

4. *Revela ciertas percepciones cruciales que te ayudan a comprenderte mejor a ti mismo.* Por ejemplo, impulsar el aprendizaje a través de la reflexión o la actuación a través del pensamiento te dará una nueva percepción con respecto a ti mismo y al mundo en el que vivimos.

EL DILEMA INTERIOR/EXTERIOR

Durante más de treinta años de trabajar con líderes de corporaciones, entidades filantrópicas, iglesias, el sector gubernamental y el académico, he notado que existe en las personas una brecha pronunciada entre su mundo exterior del hacer y su mundo interior del ser.

Consideremos un par de ejemplos.

Marissa es una ejecutiva de nivel C que ha alcanzado un éxito profesional significativo —incluyendo promociones y elogios— en la empresa de tecnología en la que trabaja. No es una admiradora del dueño de la compañía, y la empresa en sí misma no es nada del otro mundo; sin duda se encuentran mejores productos que estos en el mercado. Pero obtiene un buen sueldo y, en general, su lugar de trabajo y sus tareas resultan aceptables. De hecho, recibe una cifra promedio y bonos cuatrimestrales. Y, lo que es mejor, está felizmente casada, tiene dos hijos maravillosos y encuentra el tiempo para mantenerse en línea y saludable.

Sin embargo, Marissa atraviesa una crisis. Últimamente se ha estado preguntando qué diferencia hace su trabajo (si es que la hace) en cuanto a ella misma o para los demás. Sí, por supuesto, gana un buen salario. Pero, más allá de eso, está desconcertada. A pesar de su logro en hacer frente a los desafíos en su trabajo, se siente insatisfecha y no realizada, como si estuviera dejando pasar el tiempo solo para ganar un sueldo.

Greg es pastor de una iglesia de ochocientos miembros. Entró al ministerio a causa de las profundas convicciones que sostenía. Había obtenido un título superior en Estudios Bíblicos y contaba con una rica vida interior. Sin embargo, el crecimiento de su iglesia se había estancado. A través de toda su carrera, Greg pasó por tiempos difíciles en cuanto al tema administrativo y las cuestiones de predicar y liderar. No tuvo éxito en formar equipos de ayudantes y voluntarios, y estuvo siempre luchando por poder expresar las creencias que él sostenía como muy sagradas.

¿Qué es lo que sucedía con Marissa y con Greg?

Comencemos con Marissa. Algunos líderes de su tipo son muy buenos para hacer. Resultan excelentes en la realización de sus tareas, aprenden con rapidez, llevan adelante organizaciones, mantienen la maquinaria de la empresa humeando y producen resultados tangibles. Pero si comienzas a explorar su mundo interior, descubrirás que dedican mucho menos tiempo a tratar con las cuestiones de propósito y significado, con las que se sienten menos cómodos.

Como dijo Gordon MacDonald: «Muchos de nosotros preferimos realizar nuestra labor en la superficie. Invertimos la mayor parte de nuestras energías en lo externo donde podemos ver lo que sucede, donde se recorta el misterio a su mínima expresión, donde la gente puede darse cuenta y recompensarnos».

Pero, por otra parte, según he observado, son los pastores como Greg los que a menudo cuentan con una vida interior más desarrollada. Se enfocan en ahondar profundamente en los temas de propósito, motivaciones, carácter e integridad. Se dedican a tratar de comprender la vida privada dentro del corazón, la mente y el alma. Lo que les falta a las personas como Greg es un enfoque más amplio de las cuestiones del mundo exterior de los negocios (aun los pastores tienen una labor que llevar a cabo, y la mayoría toman su trabajo con seriedad). En el caso de Greg, él podría beneficiarse si aprendiera a comunicarse con mayor eficacia, a liderar equipos, a desarrollar programas de entrenamiento y a administrar una organización pujante.

Cuando no se detecta ni se trata, esta tendencia a fijarse casi exclusivamente en uno de los mundos (el interior o el exterior) puede convertirse en un tremendo lastre. Muchas personas exitosas se sienten insatisfechas porque no saben en realidad qué diferencia están marcando con su esfuerzo. Mucha gente introspectiva y contemplativa, a su vez, no logra transmitir eficazmente su sistema de creencias, conocimientos y experiencias de modo que impacten en verdad sobre los demás.

Aquí es donde se encuentra la oportunidad: Marissa y Greg pueden avanzar más y ser mejores en un mundo que les resulta desconocido. Y la matriz potencial es una forma de lograr que eso suceda.

LA MATRIZ POTENCIAL

Es importante comprender la geografía de lo que implica mejorar. Para los que comienzan, la matriz potencial que aparece en la siguiente página cuenta con una línea vertical y una línea horizontal.

La matriz potencial

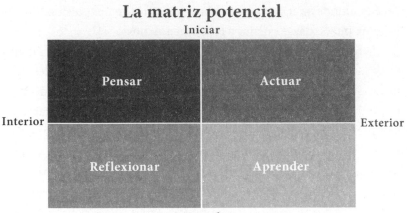

La *línea vertical* representa el modo en que acciona el mejoramiento. Quizás una de las mayores ilusiones que se tienen en cuanto a mejorar es que se basa únicamente en lo que uno mismo inicia. Encontramos eso encima de la línea vertical. Pero, con frecuencia, mejorar implica más que lo que aparece encima de esa línea. Un componente significativo para alcanzar una mejoría en realidad incluye la acción de esperar, observar, escuchar y aprender, todo lo cual se encuentra en la base de la línea vertical.

El flujo continuo de **iniciar-responder** requiere de actividades tales como observar y escuchar (incluidas en la base de la línea vertical), junto con actividades interactivas y de colaboración que involucran mucho esfuerzo y atención, como la oratoria, la planificación, la motivación y la formación de equipos (encima de la línea).

La *línea horizontal* de la matriz potencial representa el flujo continuo entre los mundos interior y exterior. El lado izquierdo del eje representa al mundo interior invisible para los demás, pero conocido por cada individuo (lugar en el que vive Greg). El lado derecho es lo que sucede en compañía de la comunidad de los otros (el mundo de Marissa).

Ahora separemos los cuadrantes.

Cuadrante de la acción

Es el cuadrante más familiar para la mayor parte de la gente. Es el lugar en el que la mayoría de nosotros conscientemente pasa cada día *realizando actividades*: el mundo que podemos observar, en el que se inicia, se actúa y se produce. Se espera de cada uno de nosotros que desempeñemos nuestra función cuando nos presentamos a trabajar cada día.

Aunque no haga falta decirlo, no todo el que se muestra atareado resulta productivo. La actividad y los resultados no son lo mismo. Aquellos que parecen atareados pero logran poco simplemente aparentan, asumen una postura. Solo realizan los movimientos.

Cuadrante del aprendizaje

Aprender implica esfuerzo. Pero, de cierta manera, las ideas actúan sobre nosotros cuando somos receptivos a ellas. Aprender nuevas ideas nos puede llevar al desarrollo de habilidades, a una manera de pensar más concreta, y a una reflexión más profunda. Con mucha frecuencia entendemos el aprendizaje como un precursor de la conducta.

¿Pero, y qué de aquellos que siguen siempre aprendiendo sin aplicar realmente la información que recogen? Una persona que tiene varios títulos de un nivel superior pero no consigue trabajo podría describirse como un aficionado, alguien que solo adquiere ideas en lugar de implementarlas o actuar en base a ellas.

Cuadrante del pensamiento

Pensar tiene que ver con contemplar el mundo que nos rodea de manera proactiva. Es la fuente de la visión, los sueños, los planes y las estrategias. Utiliza aportes externos para crear conexiones y encontrar dirección.

Sin embargo, algunas personas nunca dejan ese espacio dentro de sus cabezas. Son soñadores diurnos. Gente llena de grandes ideas pero que no está dispuesta a entrar en acción.

Cuando la acción de pensar se realiza bien, sin embargo, permite encontrarle sentido al mundo y crear ese mundo que podría ser.

Cuadrante de la reflexión

El cuadrante inferior de la izquierda, el mundo interior de la respuesta, resulta... bueno... complicado. Es el aspecto del liderazgo que menos se tiene en cuenta. Y —podrás juzgarlo al finalizar este libro— probablemente sea el más importante. Según mi experiencia, también se trata del área más difícil. Llamo a esta dimensión «el reflexionar». Las mejores palabras para describir esta área son *esperar* y *escuchar*, no a otros sino a Dios.

Como lo veremos más adelante, esta área puede compararse a un espacio inusual. Pensémoslo como un cuarto sin una entrada obvia. En tanto que el cuarto resulta inaccesible, la mayoría de las personas consideran un desafío el poder entrar. Los líderes con los que he trabajado frecuentemente reaccionan de una de estas dos maneras ante la idea de la reflexión: nunca se dieron cuenta de que el cuarto estaba allí (porque nunca entraron en él), o tienen conocimiento de ese cuarto pero, consciente o inconscientemente, eligen no pasar mucho tiempo allí.

Al igual que con cualquiera de los otros cuadrantes, si uno se detiene allí durante demasiado tiempo queda atrapado allí. Las personas que pasan la vida ensimismadas a veces reflexionan con tanta profundidad que se paralizan y no pueden conectarse con el mundo exterior.

CONSEJOS PARA LA TRAVESÍA DE MEJORAMIENTO

La utilización de la Matriz Potencial angostará la brecha entre lo bueno que eres hoy y lo bueno que puedes llegar a ser. Se trata simplemente de un gráfico, pero muy rico en oportunidades. Aquí verás algunas formas de maximizar la travesía.

Lucha contra el confort para superar la autocomplacencia

Una de las razones por las que no mejoramos es porque evitamos las áreas en las que tenemos mayores oportunidades de mejorar. La naturaleza humana tiende a enfocarse en aquellas áreas en las que sobresale (o al menos le resultan más confortables). Una fortaleza a la que uno se aboca con exclusividad o que utiliza demasiado puede convertirse en una debilidad. Por ejemplo, contar con una capacidad muy desarrollada en el área de las presentaciones no resulta de ayuda cuando uno no tiene nada importante que decir. Una de las razones por las que no juego al golf (entre otras) es porque solo soy bueno en los tiros cortos. Pero al faltarme la habilidad para lanzar la pelota no logro muchos tiros cortos. Debido a que no estoy dispuesto a mejorar mi saque, mi manejo de campo y mis tiros desde el búnker, pierdo muchas oportunidades de ir al campo de juego con mis amigos.

El movimiento se iguala con la mejora

Volvamos otra vez a la Matriz Potencial y, al leer, consideremos el siguiente escenario.

Imagina que próximamente tendrás una reunión importante. ¿Te presentarás sin preparación alguna? ¿Actuarás como si estuvieras aburrido, escucharás a desgano y te mostrarás muy poco involucrado con ella? ¿O tal vez dominarás la conversación e ignorarás otros puntos de vista?

Aunque es cierto que algunas reuniones resultan decididamente más frustrantes que otras, espero que tú no adoptes ninguna de las conductas que acabamos de describir. Más bien deberías revisar la matriz potencial antes y durante la reunión. Deberías pensar

La matriz potencial

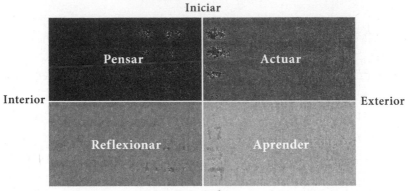

Iniciar

Pensar	Actuar

Interior — Exterior

Reflexionar	Aprender

Responder

previamente en esa agenda por adelantado y reflexionar sobre lo que ha funcionado bien y lo que no ha funcionado en reuniones anteriores. Tal vez tendrías que prepararte y conocer algo acerca de cada uno de los participantes, sus puntos de vista y su rol en el debate que se llevará a cabo. Entonces durante la reunión podrás contribuir con ideas, facilitar el intercambio de las mismas y escuchar con eficiencia.

La habilidad que tengas para desplazarte entre los cuatro cuadrantes afectará en mucho tu participación durante la reunión y el grado de éxito que se alcance en ella.

El largo camino hacia el mejoramiento

Dado que cada área complementa a las otras, debes hacerte una sencilla pregunta: ¿de qué manera podría una de estas otras áreas, dos de ellas o hasta inclusive la tercera ayudarme en este momento y en el lugar en el que me encuentro?

El camino más directo (apostar solo por un área), aunque resulte el más rápido, también es el que limita más. Y puedes volverte bueno solo en una de estas cuatro áreas antes de tener que usar las otras para mejorar.

No se trata de tener equilibrio

He estado usando la matriz potencial durante casi veinte años, y no distribuyo mi tiempo en forma igualitaria entre cada una de las cuatro áreas. Mis cuatro áreas no muestran un equilibrio perfecto; en lugar de eso, se hallan en un perfecto desequilibrio. Por ejemplo, puedo señalar en cuáles de esas áreas resulta más apropiado focalizarse a la luz del desafío o la necesidad actual, e identificar con facilidad las áreas que estoy descuidando.

La matriz potencial constituye una guía, o un mapa. Los mapas son herramientas. Nos muestran nuevos lugares que nosotros no hemos visto o considerado previamente. Y nos proporcionan rutas posibles para llevarnos desde donde estamos hasta el lugar en el que queremos estar. Pero el mapa no nos obliga a hacer nada. Un mapa no dirige; simplemente sugiere. Nos toca a nosotros elegir el rumbo, y elegir bien determina la calidad de nuestra travesía. La matriz potencial te mantendrá enfocado en lo que quieres mejorar y cómo lograrlo.

En los siguientes cuatro capítulos aprenderás más sobre cada uno de los cuatro cuadrantes de la matriz potencial, y cómo usarlos para lograr una mejora sostenible.

Acciones

1. No permanezcas demasiado en el cuadrante de tu mayor confort.
2. Muévete con libertad y con frecuencia entre los cuadrantes para alcanzar un máximo crecimiento.
3. Usa cada cuadrante para impulsar los beneficios que obtienes de los otros.
4. Recuerda: no vayas tras el equilibrio; busca un mejoramiento.

CÓMO PUEDO MEJORAR

Ken Philbrick, socio y dueño de
Adam James International

Mejoro cuando no me enaltezco, me humillo, busco sabiduría y pongo el interés de mis clientes por delante del mío propio. Para obtener sabiduría, pido humildemente a Dios que me ayude y después, leo el libro de Proverbios. Me rodeo de unos pocos amigos y mentores que me desafían y me piden que rinda cuentas. Ellos entienden mis puntos fuertes y mis debilidades, y me ayudan a ser un mejor marido, padre, amigo y persona de negocios.

Por ser un extrovertido en extremo, he batallado durante toda mi vida para ser un buen oyente. Me he tomado en serio la lección de *El factor Fred* que declara que es más importante estar interesado que ser interesante. Cuando me encuentro con un cliente, me esfuerzo en ESCUCHAR activamente y en dejar que la otra persona HABLE. Al poner siempre a la otra persona primero y estar sinceramente interesado en su éxito empresarial y personal, me he convertido en un socio eficaz para mis clientes.

CAPÍTULO 4

Priorizar el desempeño

*Si tú no crees que puedes seguir
mejorando, no conoces a Jack*

Sé tan bueno que ellos no puedan ignorarte.

—STEVE MARTIN

La matriz potencial

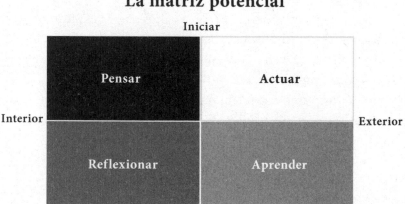

Jack LaLanne, una leyenda en cuanto a aptitud física, cambió su vida cuando, siendo adolescente, escuchó hablar a un nutricionista. Poco tiempo después dejó de consumir azúcar. Posteriormente abrió el primer club de aptitud física en Estados Unidos y comenzó a actuar en su propio *show* televisivo, que salió al aire durante treinta años. LaLanne era muy disciplinado en cada aspecto de su vida. Seguía una dieta estricta y hacía ejercicios dos horas al día: una hora de entrenamiento de resistencia y una de natación. Se hizo conocido como «el padrino de la aptitud física».[1]

Como gran *showman* y vendedor que era, utilizaba demostraciones de destreza física (como realizar 1033 flexiones en veintitrés minutos) para promover su negocio. En 1974, a la edad de sesenta años, LaLanne nadó en la Bahía de San Francisco desde la Isla de Alcatraz hasta el Muelle de los Pescadores. Lo hizo esposado y encadenado mientras remolcaba un bote de mil libras de peso.

A la edad de sesenta y cinco remolcó sesenta y cinco botes en un lago cerca de Tokio, Japón. Otra vez fue esposado y encadenado, y en esta ocasión los botes iban llenos de seis mil quinientas libras de pulpa de madera.

A la edad de setenta, en Los Ángeles, lo hizo esposado, encadenado, y luchando contra fuertes vientos y corrientes, mientras arrastraba setenta botes que llevaban setenta personas a bordo desde el puente Queen's Way en el puerto de Long Beach hasta el Queen Mary, anclado a una milla. La temperatura del agua oscilaba entre los sesenta y setenta grados (Fahrenheit). Le llevó dos horas. Luego dijo que había pasado frío, pero que nunca pensó en abandonar.

Jack LaLanne jamás dejó de procurar ser mejor.

¿POR QUÉ SEGUIR MEJORANDO?

Si ya has logrado un cierto nivel de éxito, puede que pienses que casi no hay necesidad de intentar más mejoras. Pero no podrías estar más equivocado. Te diré por qué.

1. En primer lugar, la forma en que otros te evalúan, tanto en tu trabajo como en otras situaciones, es por tus esfuerzos por mejorar

Lo que piensas, crees y aquello a lo que aspiras tienen su importancia, pero se vuelven inútiles a menos que vayan parejos con la acción. Y la acción, mejorada con el tiempo, lleva a un desempeño que prueba tu valor.

2. Mejorar te conduce a los resultados que deseas

Así como la prueba se ve en el desempeño, sucede lo mismo con la recompensa. Las ventajas competitivas, el avance en la carrera, las ventas que se concretan y el lograr empleados leales son solo algunos de los resultados que un mejor desempeño genera.

3. El mejoramiento es algo observable y fácil de monitorear

La manera en que piensas, reflexionas y hasta aprendes resulta menos obvia que la forma en que te desempeñas. Y lo único mejor que un desempeño sobresaliente es el pensamiento, la reflexión y el aprendizaje que lo respaldan.

4. Mejorar es prueba de superación

Es la forma en que verdaderamente conoces que has mejorado más allá de lo que ya eras. Si tu futuro desempeño supera a tu desempeño presente y pasado es porque estás creciendo.

POR QUÉ LO SATISFACTORIO
IMPIDE MEJORAR

Cada día nos «desempeñamos» en nuestro trabajo y en nuestro hogar de forma pobre o excelente. Dado que no podemos (ni deberíamos) prestarle a cada desempeño la misma atención, es fácil que nos sintamos arrullados por la sensación de que lo satisfactorio es ya bastante bueno.

Para seguir mejorando en aquellos desempeños importantes de tu vida necesitas desarrollar una nueva mentalidad: *Lo satisfactorio no alcanza.*

En las pequeñas cosas triviales lo satisfactorio resulta suficiente. Pero mejorar lo bueno que ya eres significa que lo satisfactorio resulta insuficiente; es el punto de referencia más bajo para comenzar a medirnos.

Sin embargo, la perfección tampoco tiene que ver con la cuestión.

Cada vez que tienes como meta la perfección logras algo menos, pero lo que logras resulta significativamente mejor que lo que ya habías alcanzado anteriormente.

El punto tiene que ver con mejorar sabiendo que, con fines prácticos, el desempeño máximo y definitivo nos es desconocido o resulta imposible de alcanzar. Muchas personas se desalientan cuando intentan mejorar y vuelven a un desarrollo imperfecto.

George Leonard, en su libro clásico *Mastery* [La maestría], señala que mejorar no es un asunto lineal, una línea que sube y baja, sino más bien una serie de escalones. Tú mejoras, sigues trabajando en ello, pero entras en un estancamiento temporal.[2] Parecería que no estuvieras mejorando, pero de pronto (y con frecuencia sin que lo detectes) se produce otra mejoría.

Señala tu progreso a través del tiempo, buscando las mejoras periódicas e identificables. Apunta más allá de lo satisfactorio y avanzarás cada vez más hacia tu potencial.

TRES «SECRETOS» QUE MEJORARÁN TU DESEMPEÑO

Las ideas que estoy por transmitir no son secretas en el sentido más estricto de la palabra. Pero son pocos, según parece, los que consideran y usan estas ideas para mejorar más allá de lo que ya han alcanzado.

Primero: El desempeño mejora cuando uno lo disfruta

He aquí una pregunta retórica: ¿muestras un mejor desempeño cuando lo disfrutas? Por supuesto que sí. Puede ser que sufras durante un desempeño estelar, pero eso es raro. Un desempeño magnífico no tiene solo que ver con lo que haces, cuán bien lo hagas, o lo que piensen los demás. Se relaciona con la forma en que te sientes cuando lo estás llevando a cabo.

¿Cuál es el sentido de lograr un mejor desempeño si no te hace sentir mejor también?

Actuar es innatamente creativo. Las reglas y estructuras rígidas pueden ayudarte a desarrollar los fundamentos, pero entrar en acción es lo que le pone arte a tu desempeño.

Eso no significa que disfrutes de la preparación, las prácticas y hasta el desempeño. Pero cuando puedes descubrir aquello de lo que disfrutas y en lo que eres bueno y enfocarte en ello, el mejoramiento se producirá mucho más fácilmente.

Segundo: La dedicación y la disciplina son gemelas

Cuando tú dices que eres dedicado, también estás hablando indirectamente de tu voluntad de hacer lo que haga falta, y eso es disciplina. Disciplina, como yo la defino, es la habilidad de hacer lo que se necesita aún cuando uno no tenga ganas de hacerlo.

Cualquier cosa de valor requiere disciplina, y la falta de ella constituye el principal enemigo de lo mejor.

Tercero: Recuerda que lo mejor ya ha creado un camino para ti

Tenemos ejemplos de la forma en que algunos vivieron sus vidas y condujeron sus negocios, lo que nos ayuda como guía para poder alcanzar un éxito semejante

Es raro el caso de un innovador que sabiendo poco pueda crear mucho. En épocas pasadas ser un aprendiz consistía en trabajar bajo un patrón hasta adquirir el oficio o profesión. Uno emulaba a ese maestro hasta desarrollar las habilidades necesarias.

Como lo señalo en mis otros libros y en mi trabajo con los clientes, uno primero emula para aprender, pero luego innova para adquirir un beneficio. Uno solo puede romper las reglas cuando las conoce. Puede innovar solo cuando comprende en profundidad lo que ya se está haciendo, y luego lo hace de una manera diferente.

CÓMO IMPULSAR TU DESEMPEÑO

1. Utiliza F.I.T. para mejorar tu desempeño

Sabes que la práctica resulta importante, ¿pero hasta qué punto lo es, y qué es lo que vuelve a la práctica eficiente?

Anders Ericsson, autor de *Peak: Secrets from the New Science of Expertise* [Alcanzar la cima: Secretos de la nueva ciencia de la experticia] ha señalado que Malcom Gladwell, en su libro *Outliers,* no entendió correctamente la regla de las diez mil horas (y yo lo mencioné en uno de mis libros anteriores). No es solo la cantidad de práctica, sino el tipo de práctica que se elija lo que produce la mejora. Ericsson dice: «En casi cualquier área de emprendimiento humano las personas tienen una tremenda capacidad para mejorar su desempeño, en tanto se entrenen de la *manera correcta…* Uno puede continuar avanzando y avanzando, y volviéndose cada vez mejor y mejor. El progreso que se alcance depende de uno mismo».[3]

¿Cuál es la clave? Lo que Ericsson llama «la práctica premeditada» es una actividad muy estructurada que se relaciona con la meta específica de mejorar el desempeño: «No hemos encontrado limitaciones en cuanto a las mejoras que se puedan alcanzar a través de tipos determinados de prácticas».[4]

Durante años me he ejercitado cinco o seis días por semana. Creía que la mínima dosis eficaz era suficiente para mantenerme en salud y con energía. A veces me desalentaba porque no lograba mejorar. Luego de considerarlo, me di cuenta de que eso pasaba porque algo no funcionaba en una o más de estas tres categorías que juntas componen el acrónimo F.I.T.

Frecuencia: Cuantas más veces uno realice algo correctamente tanto mejor llegará a ser. Al añadir mayor práctica se pasa de la incompetencia a la competencia.

Presentarse en el lugar es un comienzo y (como se descubre enseguida) solo un comienzo. Cuantas más veces se lleve a cabo algo más razonable resultará esperar mejoras (a menos que solo se lo realice rutinariamente).

Intensidad: La energía, enfoque y atención que se le preste al desempeño de una tarea define lo bien que esta se lleva a cabo. Así como en el gimnasio levantar pesas livianas produce un resultado diferente que arrastrar pesas pesadas, del mismo modo, la cantidad de esfuerzo que se aplique a aquello que se realiza afectará el resultado.

He observado que muchas personas se ejercitan llevando a cabo una serie de entre seis a ocho repeticiones de un determinado movimiento, al que le siguen luego diez minutos de mensajes de texto. Si bien es bueno que se hayan presentado para realizar gimnasia, no van a experimentar un gran avance (si es que logran alguno) por una buena razón: les falta intensidad.

Técnica: Si la técnica no es la correcta, o no resulta óptima, la frecuencia e intensidad solo lograrán que la cosa se vuelva peor. El gimnasio constituye un gran ejemplo en cuanto a gente bien intencionada que lleva a cabo cosas incorrectas y hasta peligrosas. Usar una técnica equivocada puede resultar en una pérdida de energías y en una obstaculización del progreso.

El buen desempeño tiene que ver con una técnica estupenda. El mejor desempeño se relaciona con aprender las mejores técnicas. Como consecuencia, si uno desea volverse realmente bueno tiene que usar las técnicas desarrolladas y utilizadas por los que verdaderamente son exitosos.

2. Busca retroalimentación

La retroalimentación es información que puedes utilizar para mejorar tu desempeño. Con frecuencia nos llega de otras personas, pero también puede lograrse a través de un análisis propio hecho a conciencia.

Una retroalimentación eficaz es la que nos llega a través de personas que comprenden lo que estamos haciendo, lo que hemos hecho erróneamente y aquello en lo que podemos mejorar. Pero no confundamos retroalimentación con opiniones. Cuando concluyo una charla, los miembros de la audiencia a menudo comentan lo que les ha gustado, lo que no les ha gustado o lo que hubieran querido que yo hiciera. Y algunas de esas ideas son útiles. Pero generalmente se trata de opiniones personales.

Si dentro de esa audiencia se contara con un orador profesional competente o un instructor en el área de las comunicaciones, ellos podrían proporcionar una retroalimentación. Ese conocimiento profesional está probado, y la mirada que ellos le dan a la actuación de alguien sobre el escenario es semejante a la forma en que un mecánico mira un motor, no expresando una preferencia en cuanto a cómo debería verse ese motor, sino sabiendo de qué manera ponerlo mejor a punto.

¿Has escuchado a alguien decir: «Yo soy mi peor crítico»? Lo que la gente que dice esto en general quiere decir es que ellos son más duros que los demás al juzgar su propio desempeño. La autocrítica parece algo positivo en la superficie, pero no ayuda. Si logra algo es entorpecer las cosas. Y el resultado es que uno se siente mal con respecto a su desempeño, pero no implica que se aprenda qué es lo que se debe hacer para mejorarlo.

En lugar de ser tu peor crítico conviértete en tu mejor evaluador. Procesa cualquier emoción que necesites resolver y luego vuélvete analítico: ¿Qué fue lo que funcionó? (Sácale provecho). ¿Qué fue lo que no funcionó? (Intenta comprender por qué). ¿Qué podría haber funcionado mejor? (Trata de descubrir cómo). Estas preguntas te conducirán a obtener información útil.

3. Codifica tu desempeño

Cuando uno codifica algo acomoda las reglas en un orden sistemático. Eso las vuelve más fáciles de recordar y más fáciles de usar. Eso les da también una coherencia poderosa.

Jack LaLanne codificó la totalidad de su vida: desde qué comer y cuándo hacerlo, hasta cuándo entrenar y por cuánto tiempo. Y le dio el mismo enfoque a sus emprendimientos de negocios también.

Una razón por la que el desempeño a menudo resulta inestable es porque en los buenos días recordamos las reglas y las usamos. Y en los malos días nos olvidamos de usar algunas de ellas.

El efecto Checklist fue un *best seller* referido a la manera en que las listas de comprobación se pueden usar para disminuir notablemente los errores y aumentar la disciplina en el desempeño personal o de las organizaciones. Su autor, Atul Gawande, es un cirujano que usó su propia experiencia y la de otros cirujanos para mejorar sus resultados.[5]

Los pilotos también usan listas de comprobación. La mayoría de los profesionales coherentes utilizan listas de comprobación de algún tipo. Establecen un orden de lo que debería suceder antes, durante y con posterioridad a un desempeño importante. Generalmente se ponen por escrito esas listas de verificación o control (en el caso de los pilotos, siempre es así). Pero con el tiempo pueden memorizarse.

Yo he desarrollado mis propias listas de verificación y he elaborado algunas más abreviadas para lograr mejoras en muchas áreas de mi vida. Por ejemplo, descubrí que con frecuencia compraba cosas que no necesitaba. Para simplificar mi vida y dejar de despilfarrar dinero comencé con ULQT: Utiliza lo que tienes. ¿Hay algo de lo que ya tengo que me sirve para suplir el propósito en cuestión? Si es así, eso es lo primero que uso. En todas las áreas referidas a lo empresarial utilizo un concepto simple: PI, o sea, Preparación Intensa. He descubierto que cualquier cosa, desde una conversación, una reunión, un discurso o una llamada de ventas, puede mejorarse significativamente a través de una preparación intensa, lo que significa prepararse más allá de lo que otros están dispuestos a hacer.

4. Monitorea tu progreso

Una pregunta fundamental para mejorar tu desempeño es esta: ¿cómo sé que mi actuación ha resultado exitosa?

Una autoevaluación eficaz es mejor que la retroalimentación que se recibe de otros. También constituye una medida para evaluar el progreso o retroceso. Tal vez pienses que algunos comentarios informales pueden darte un indicio en cuanto a que has logrado una mejoría. Pero no necesariamente es así. Las personas, en especial las bien intencionadas, dicen lindas palabras en muestra de aprecio. Además, muy pocas de ellas conocen tu desempeño previo.

Así que necesitas utilizar tus habilidades como punto de partida. Y luego mirar más allá: ¿qué medidas, herramientas, cálculos o instrumentos podrías utilizar para obtener información valiosa sobre el avance de tu mejoría?

EL MEJOR DESEMPEÑO EN CADA OCASIÓN

No todas las acciones que realizas, las conductas que eliges o el desempeño que muestras serán los mejores alcanzados alguna vez por alguien. Eso resulta estrictamente imposible. Ni aún los más exitosos en cuanto al desarrollo de sus habilidades pueden lograr sostenidamente esa clase de desempeño ideal. A veces existe un elemento inexplicable y misterioso en lo referido a esas actuaciones maravillosas.

Muchos años atrás, Sir Laurence Olivier realizó una actuación que le resultó extraordinaria hasta a él mismo. Cuando un amigo se acercó a él detrás del escenario para felicitarlo, encontró al actor con un humor de perros. «¿Qué te pasa?», indagó el amigo. «Esa fue una de las interpretaciones más increíbles que he presenciado». Olivier le respondió: «Sí, pero no sé cómo la llevé a cabo».

Aun los más grandes no siempre comprenden totalmente todo aquello que establece un nuevo récord o muestra una actuación digna de ser premiada. No existe una fórmula que garantice el desempeño máximo.

Pero, aunque Olivier no pudiera explicar esa actuación excepcional, aún pudo seguir realizando increíbles presentaciones.

La meta, por supuesto, es lograr la mejor actuación de la que seas capaz cuando eso resulta importante. El desempeño superior se relaciona con la práctica de tus habilidades para que cuando necesites hacer una presentación notes que tus talentos se han desarrollado un poco más y la capacidad requerida se ha expandido. Mejorar tu desempeño es más que una intención; tiene que ver con estar dispuesto a invertir lo necesario para mejorar cada día.

En cada ocasión haz de tu próximo desempeño tu mejor actuación.

Acciones

1. Enfócate en FIT: frecuencia, intensidad y técnica.
2. Practica con toda la frecuencia que te sea posible.
3. Pide retroalimentación y luego crea la tuya propia.
4. Monitorea tu progreso.

CÓMO PUEDO MEJORAR

John D. Bledsoe, consultor financiero,
CFP, CLU, ChFC, MSFS, AEP, EIEIO

Mejoro en mi práctica de trabajo con personas muy adineradas observando cuidadosamente el resultado de mis encuentros con los clientes y los posibles candidatos. Las preguntas que hago siguen un orden específico, y las realizo de una manera específica que he aprendido a través de la observación de miles de ellas que ya he llevado a cabo. Los resultados más eficientes los he obtenido al reprimir mis gustos y actitudes personales sobre el tema, y enfocarme solo en las impresiones que tiene el cliente al respecto. Si yo llevo a cabo una buena reunión para recabar información precisa, la siguiente reunión para dar mis recomendaciones específicas resultará muy fácil. Utilizo una presentación exacta de soluciones, que es como un traje a medida para la gente con la que me reúno. Planeo mejorar más y más durante toda mi vida, y eso requiere de mí una completa atención a los detalles y la firme decisión de creer que ser suficientemente bueno no es suficiente.

CAPÍTULO 5

Aprendizaje aventajado

Cómo pasar de servir las mesas a pertenecer a la NASA

La gente que triunfa se mantiene con la capacidad de aprender durante toda su vida. Sigue intentando ser mejor.

—Erwin McManus

La matriz potencial

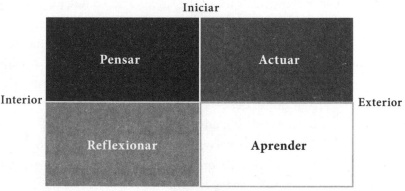

¿Qué es lo que no te permite aprender? ¿Alguna vez te descubriste, como a mí me ha sucedido, quejándote de falta de tiempo u oportunidad para proseguir adelante o apuntar a una educación superior?

Nada de todo eso ha evitado que una madre de tres niños, trabajadora, de treinta y cinco años de edad, pasara de ser camarera a empleada de la NASA.[1]

Hace trece años, Cristine Andes trabajaba como camarera para sostener a su familia. Debido a su entrega, tanto al matrimonio como a sus hijos y a su empleo, sentía que la vida «sólo se deslizaba» alrededor de ella. «Yo existo en un estado mental de reaccionar».

¿Qué cambió? Se hizo tiempo para aprender.

Hoy, después de haber completado tres cursos de dos años con honores, y de haberse graduado *summa cum laude* de un bachillerato de ciencias en la carrera de seguridad ocupacional y salud, trabaja para la NASA como especialista en garantía de calidad.

¿Cómo alcanzó esos hitos?

Ella lo señaló así: «Decidí asistir a un centro de estudios superiores durante dos años para obtener un título en administración de oficinas. Sin embargo, tomar la decisión de asistir a la universidad no me resultó fácil. Implicaba convertirme en una estudiante a tiempo completo, mientras trabajaba un horario completo, y criaba tres muchachos con algo de apoyo y respaldo de la familia».

No fue fácil para Cristine. El alcanzar logros no resulta fácil para muchísima gente. Pero las personas muy exitosas se preocupan más por su crecimiento que por su comodidad. Están más entregadas al aprendizaje que al ocio.

«Si yo, una camarera y madre de tres niños, pude ocupar este puesto trece años después y asombrarme por lo que puedo hacer cada día, todo es posible. Lo que tú necesitas para hacer que las cosas sucedan es tener fe, apoyo familiar y poder creer en ti mismo».

El aprendizaje destraba tu potencial. Es la supercarretera que te lleva a mejorar.

¿POR QUÉ APRENDER?

Si no has tenido maestros que te inculcaran amor por la búsqueda del saber y por el aprendizaje cuando comenzaste a asistir a la escuela, o padres que te alentaran al descubrimiento y a buscar la explicación de las cosas, puede ser que nunca hayas considerado cuáles son las recompensas del aprendizaje. A continuación, incluyo algunas de ellas.

1. El aprendizaje puede ayudar a que te abras paso y salgas del statu quo

Mejorarás cuando encuentres cosas nuevas y mejores que hacer, y las realices con regularidad. Repetir lo que ya estás haciendo te mantiene en tu nivel actual de desempeño. Así que debes continuar aprendiendo. Si no lo haces, no tendrás combustible para agregarle al motor que te impulsa hacia un mejoramiento.

2. El aprendizaje te permite capitalizar la sabiduría de los siglos

Cualquiera puede aprender de los grandes hombres que han vivido. La posibilidad de acceder a información acerca de sus vidas y enseñanzas es fácil gracias a la Internet.

Y, a menos que desees hacerlo, no necesitas llevar a cabo una investigación de primera mano. Si tú quieres saber sobre algo encontrarás que hay una cantidad de personas que ya han realizado el trabajo pesado, y han escrito o grabado sus descubrimientos. Toda esa importante información está disponible para ti si sabes dónde buscarla.

3. El aprendizaje suma al arsenal que ya tienes en tu intelecto

Nuestros cerebros cuentan con una capacidad mayor para aprender, recordar y acceder a la información de lo que nosotros pensamos. El ruido ambiental, las distracciones y el estrés pueden crear la ilusión de que nuestras mentes están «llenas», lo que no es así. Cuanto más aprendes, a más recursos puedes acceder para solucionar problemas, generar soluciones creativas y realizar conexiones innovadoras.

4. Aprender no solo te hace mejor: te mantiene actualizado

Un experto que no continúa aprendiendo no seguirá siéndolo. A medida que el mundo cambia también cambian las demandas que se nos hacen. Tú no tienes que aprenderlo todo, pero necesitas continuar aprendiendo las cosas que resultan relevantes para tu carrera y tu vida.

TODOS NOSOTROS SOMOS NOVATOS PERPETUOS

Kevin Kelly es un pensador influyente en temas de tecnología y en el impacto que esta tiene sobre nosotros. En su libro *The Inevitable* (Lo inevitable) escribió: «No importa por cuánto tiempo hayas estado usando una herramienta, la interminable cantidad de actualizaciones que se han producido te convierten en un novato, o sea en un nuevo usuario al que se considera como alguien que no tiene ni idea sobre el tema. En esta era de «convertirse en algo», todos nos hemos convertido en novatos. O, lo que es peor, seremos novatos por siempre. Eso debería mantenernos humildes».[2]

La premisa de Kelly se fundamenta en el hecho de que la tecnología cambia continuamente. Pero no es (ni lo ha sido) solo la tecnología lo que nos convierte en novatos perpetuos. Aquellos que aprenden siempre han sabido que los nuevos descubrimientos, perspectivas e inventos tienen el potencial de impactarnos en un nivel personal, y con el tiempo lo hacen. En un sentido, Kelly estaba hablando de lo que siempre hemos sido (perpetuos novatos) pero quizás no nos hemos dado cuenta de ello. Y, para alguien que aprende, esa es una noticia fantástica.

EL APRENDIZAJE AVENTAJADO COMIENZA CON LA MENTALIDAD QUE UNO TIENE

Habrás oído acerca de lo importante que resulta la actitud para alcanzar el éxito. ¿Pero qué en cuanto a la mentalidad? Sucede que ella es esencial para cualquiera que desee mejorar.

Carol Dweck es una psicóloga que ha identificado dos tipos de mentalidad en la gente: la mentalidad fija y la mentalidad en crecimiento.

Aquellos que tienen una mentalidad fija creen que es la genética la que determina mayormente las capacidades; o sea que la inteligencia y los talentos son heredados más bien que desarrollados. Como resultado, esas personas temen fracasar, porque si lo hacen eso las presenta ante sus propios ojos como incompetentes. O lo que es aun peor, como ignorantes o con falta de talento. Una mentalidad fija limita severamente la capacidad de aprender.

En contraste con esto, las personas que tienen una mentalidad de crecimiento creen que siempre pueden mejorar a través del aprendizaje, el trabajo y la práctica. No se desalientan por el fracaso, y analizan los errores para poder aprender de ellos. Independientemente de lo bueno que hayan llegado a ser, creen que mejorar siempre es posible.

En mi trabajo me encuentro con frecuencia con ambos tipos de mentalidad. Recientemente escuché una conversación entre dos hombres de negocios en un aeropuerto, en la que ellos comparaban el estado de sus compañías. «He alcanzado un muy buen lugar», dijo uno de ellos. «Pero soy realista. No voy a volverme más inteligente a medida que envejezco. Mi padre estuvo en este mismo negocio y me enseñó lo que él sabía. Yo usé ese conocimiento y me desarrollé a partir de él. Pero no veo cómo puedo mejorar más allá de lo que soy ahora».

Su compañero no estuvo de acuerdo. «¿Estás bromeando?», le respondió. «Nunca he sido la persona más inteligente en ningún lado, pero no pienso como tú. Siempre estoy procurando nuevas formas de mejorar mi negocio y de mejorarme a mí mismo con ese propósito. ¿Significa eso que todo lo que hago resulta un éxito? Me gustaría. Sin embargo, parte de las cosas sí. Y eso me motiva a aprender más y a intentar cosas nuevas. No me veo a mí mismo dejando de buscar una mejora. Mi consigna es: ¿qué sigue ahora?».

El crecimiento comienza con la mentalidad de que lo mejor no solo es posible, sino alcanzable a través de trabajo intenso. Si tú no crees que puedes mejorar no lo harás (lo cual no sorprende). Te mantendrás en tu zona de confort, en la que estarás limitado por tu propia manera de pensar.

¿Hasta qué punto resulta confortable eso?

POR QUÉ QUERRÁS SER UN AUTODIDACTA

Años atrás leí un libro de Charles Hayes titulado *Self University* [La universidad propia], y desde entonces he leído varios de sus otros libros y muchos de sus escritos. Hayes es un autodidacta (o sea, una persona que se enseña a sí misma) y su empresa, la Autodidactic Press, está abocada a dos propuestas. La primera es que el aprendizaje durante toda la vida resulta fundamental para alcanzar una vida plena e interesante. La segunda es que el aprendizaje necesario para lograr competencia en el trabajo o en una carrera es más importante que *la manera* o *el lugar* en el que se adquiera.

Charlie Munger, uno de los inversores más ricos y respetados del mundo, dijo cierta vez ante un salón lleno de graduados de la facultad de leyes: «Sin un aprendizaje que se extienda durante toda la vida ustedes no van a hacer nada bien. No llegarán muy lejos si se basan en lo que ya saben. Avanzarán en la vida a través de lo que vayan aprendiendo luego de salir de aquí... Si la civilización solo pudo progresar cuando inventó el método de la invención, ustedes solo progresarán cuando aprendan el método del aprendizaje».[3]

Para comenzar tu viaje como autodidacta te recomiendo dos cosas:

La primera, que asumas la responsabilidad de aprender cómo aprender. Un artículo publicado en *Psychological Science in the Public Interest* [La ciencia psicológica aplicada al interés público] evalúa diez técnicas contemporáneas para mejorar el aprendizaje.[4] De las diez, una persona promedio alcanza un puntaje bajo en cinco de ellas, moderado en tres y alto en dos. Eso sugiere que la mayoría de nosotros no ha llegado ni cerca de maximizar nuestra habilidad para aprender. Puede ser que estudies esforzadamente pero, a causa de que te faltan técnicas de aprendizaje adecuadas, sabes mucho menos de lo que podrías saber si supieras aprender bien.

La segunda, que desarrolles una agenda de aprendizaje. Trabajo con líderes de alto nivel y constantemente me asombra, aunque no me sorprende, que sean pocos los que entre ellos lleven una agenda de aprendizaje formal. Una vez que uno se gradúa de la escuela secundaria, o de la universidad, pierde el beneficio de tener un currículo. Una agenda de aprendizaje tiene que ver con identificar lo que uno necesitaría aprender, y luego encontrar el tiempo y los recursos para hacerlo.

EL SER ENSEÑABLE ES ALGO SOBREVALORADO

No seas simplemente alguien que desea aprender más. Muestra la intención de serlo.

Vivimos dentro de un entorno rico en aprendizaje, pero eso no necesariamente significa que las lecciones se nos peguen. El aprendizaje estructurado es mayormente igualitario y está disponible para todos, pero no todos sacan ventaja de las oportunidades que se les presentan para aprender.

Tendemos a pensar que vamos aprendiendo sobre la marcha, pero en realidad a menudo solo recopilamos experiencias y extraemos muy poco de ellas en forma de lecciones.

Ser alguien enseñable significa estar abierto y mostrarse receptivo al aprendizaje. Pero eso es algo pasivo. El estudiante espera que llegue el maestro. Un aprendizaje activo requiere tener la intención de realizarlo. Y si tú no haces de él un objetivo manifiesto a lo largo de tu trayectoria, no va a ocurrir con regularidad. Alguien dijo una vez que para que una lección cause un impacto uno tiene que entender lo que ha sucedido. Eso es verdad, y los que son activamente enseñables se esfuerzan por intentar entender.

La gente enseñable es abierta hacia aquellos que les ofrecen lecciones a las que esperamos que se apeguen. Los que tienen la intención de aprender van en procura de aquellas lecciones que les caen en cascada sobre la vida diariamente.

MANERAS DE SACAR VENTAJA AL APRENDIZAJE

1. Construir sobre lo básico

Nunca me ha gustado la expresión coloquial «volver a lo básico». Después de todo, ¿quién quiere volver atrás para luego proseguir hacia delante?

Prefiero «construir sobre lo básico». El aprendizaje tiene mucho de acumulativo: uno construye encima y lo agrega a lo que ya ha aprendido, para luego establecer nuevas conexiones y descubrir nuevas ideas.

Lo que puede suceder es que uno se olvide o ignore las lecciones fundamentales que, si faltan, no le permiten una superación. Es necesario refrescar periódicamente lo que se ha aprendido y ensayarlo. Al volver a examinar lo básico uno puede ver lo que ha cambiado, lo que puede haber sido refutado o lo que necesita actualización.

2. Enfocarse primeramente en aprender lo que resulte relevante, valioso y necesario

Es más fácil aprender aquello que a uno le interesa y de lo que disfruta. Siempre debería haber espacio para estas cosas en tu agenda de aprendizaje. Simplemente no permitas que lo que *deseas* desplace a lo que *necesitas* aprender.

Un nuevo sistema que se ha puesto en funcionamiento, las regulaciones revisadas por tu asociación comunitaria o el cambio de los procesos para viajar pueden parecer tediosos hasta cierto punto, pero aún así resulta necesario aprenderlos.

Así que pregúntate qué cosas resultan relevantes para tu trabajo, para tu situación y para tu progreso. Ve más allá de lo simplemente interesante para llegar a lo informativo, porque es la información lo que puedes aplicar.

También pregúntate qué sucedería si le pidieras una opinión a tu gerente, a tu compañero de trabajo, a tu cónyuge o a tu amigo, diciendo: «¿Qué crees que sea lo que más necesito aprender en este momento?». ¿Qué te dirían? El mejoramiento en el trabajo o en la casa podrían comenzar con una pregunta como esta.

3. Revisar para lograr retener

¿Recuerdas cuando eras niño y tenías que aprender cuál era la capital de cada estado o provincia para aprobar el examen? ¿Cuántas de esas capitales puedes recordar hoy? Si eres como la mayoría, probablemente recuerdes solo unas pocas. En el momento del examen pudiste haber proporcionado todos sus nombres, pero no los aprendiste en realidad. De haber sido así hubieras retenido ese conocimiento.

Mi mayor debilidad como aprendiz es precisamente ese problema. Soy un gran acumulador de ideas tomadas de un amplio espectro de fuentes. Capto cantidad de información, tomo muchas notas y soy muy organizado. Mi debilidad es que no vuelvo a revisarlas con frecuencia. Necesito recordar esta ecuación:

$$\text{Captar} + \text{revisar} = \text{retener}$$

Últimamente he dedicado más tiempo a revisar notas, a repasar algunas lecciones y a descartar pensamientos obsoletos. Me ha resultado productivo y gratificante.

Practica este ejercicio: elige un área de tu interés personal o profesional. Toma nota de las diez lecciones más importantes que hayas aprendido sobre esa área de interés. Otra variante es elegir un mentor o alguien que haya influido sobre tu vida y escribir las diez cosas más importantes que has aprendido de esa persona. Esta práctica mental reafirmará las buenas ideas que hayas captado en el pasado, y encontrarás nuevas oportunidades de aplicarlas.

4. Enseñar para realmente conocer algo

Richard Feynman se destacó en muchas áreas. En especial fue un maestro y un científico que cambió el mundo. También era muy habilidoso explicando cosas. Shane Parrish, fundador de *Farnam Street*, uno de mis blogs favoritos, se refiere a una práctica de aprendizaje conocida como «La técnica Feynman», y la llama «la mejor manera de aprender algo». Así lo explica Parrish:

1. Elige un concepto.
2. Enséñaselo a un niñito de dos años.
3. Identifica las grietas y vuelve al material que has tomado como fuente.
4. Revisa y simplifica.

Cuando a uno se le pide que explique algo, eso permite descubrir lo poco o lo mucho que sabe sobre el tema. Pedirte que le enseñes a un niño pequeño algo que tú piensas y comprendes puede parecer tonto pero, como Parrish lo ha señalado: «Cuando anteriormente aprendía nuevos temas los explicaba con un vocabulario complicado e incoherente. El problema con este enfoque es que me engañaba a mí mismo. No sabía que no había comprendido».[5] Utilizar el vocabulario y la jerga correctos puede permitirte engañar a otros, pero eso no indica que hayas alcanzado una comprensión plena del tema.

Cuando descubres que no conoces un tópico y no puedes explicarlo bien al intentar enseñarlo, usa esas brechas para entender qué es lo que necesitas revisar o desarrollar. Ya sabes que revisar es bueno para poder retener, y que simplificar implica ser capaz de remover lo que resulta innecesario, pero sin exagerar.

Pocas cosas resultan tan satisfactorias como aprender algo de valor y ser capaz de enseñarlo a otros.

5. Aplicar lo que se sabe

Imagina por un momento que se te ha diagnosticado una enfermedad que amenaza tu vida. Luego de encontrar al médico más competente del mundo para tratar esa enfermedad, esperas durante meses para lograr una consulta con él. Después de toda una batería de análisis, te sientas delante de ese doctor tan competente y él te describe en detalle lo que tienes que hacer para curar la enfermedad rápida y definitivamente. Y te asegura que si haces eso tu recuperación será completa.

Sería un total desperdicio de tiempo que no *hicieras* lo que el doctor te instruye hacer.

No es el *saber* lo que te hace mejor sino el *hacer*.

Aprender en un nivel intelectual resulta entretenido y enriquecedor, pero si tu vida exterior (tu interacción con los demás, el desempeño en tu trabajo y el impacto de tu existencia) no se ve positivamente afectada, ¿de qué sirve?

El verdadero aprendizaje es un río que fluye a través de nosotros. Tú adquieres conocimiento y comprensión para poder aplicarlo no solo en tu beneficio, sino también en el de aquellos sobre los que tú impactas, o que dependen de ti. Un aprendizaje excelente puede comenzar siendo un concepto abstracto, pero cuando se aplica correcta y regularmente se manifiesta en resultados concretos.

Para mejorar lo bueno que has alcanzado hasta aquí utiliza estas ideas, y te asegurarás de ir cada día a la cama siendo más inteligente de lo que eras al levantarte esa mañana.

Acciones

1. Vuélvete un autodidacta.
2. Desarrolla una agenda de aprendizaje.
3. Revísala periódicamente para mejorar tu retención.
4. Aplica lo que estás aprendiendo.
5. Pregúntate qué nueva lección estás utilizando hoy.

CÓMO PUEDO MEJORAR

Dr. Nido Qubein, presidente de la Universidad de High Point

Crecer es siempre algo que se da con continuidad.

Cada noche, junto a la cama, me hago unas preguntas simples: ¿Qué aprendí hoy que no sabía ayer? ¿De qué forma me he convertido en una mejor persona, en un mejor líder, en un mejor padre, en un mejor amigo?

Hace mucho tiempo me comprometí a invertir una tercera parte de mi vida para ganarme el sustento, una tercera parte para servir y la otra para aprender.

Esta es la forma en que mejoro:

1. Me voy temprano a la cama y me levanto temprano. Salgo de la cama a las 4 a.m. todos los días y leo/estudio hasta las 6 a.m. Luego hago una caminata a paso vivo para pensar, reflexionar y evaluar.

2. Uno se vuelve como aquel con quien pasa su tiempo. Yo me junto con aquellos que son moderadamente temerarios, y bastante innovadores e inteligentes en una variedad de áreas y sectores. Escucho, aprendo y ejecuto.

3. Lo que uno elige es lo que obtiene. Así que yo elijo intentar nuevas cosas, embarcarme en nuevas iniciativas, asociarme con gente progresista. A veces tengo éxito. A veces fallo. Celebro mis éxitos y aprendo de mis fracasos.

4. Finalmente, el mejorar demanda compromiso, no simplemente tomar decisiones. Uno toma una decisión con su cerebro. Pero asume un compromiso con el corazón. Los compromisos son más difíciles de romper y mantienen su influencia por más tiempo.

CAPÍTULO 6

Un pensamiento más profundo

Lo que puedes aprender de una escultura famosa

Pensar es el trabajo más difícil que existe, y probablemente por eso muy poca gente se dedica a ello.

—Henry Ford

La matriz potencial

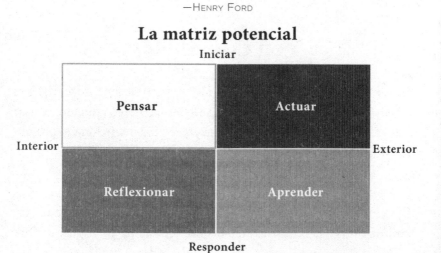

Iniciar

Pensar	Actuar
Reflexionar	Aprender

Interior — Exterior

Responder

Seguramente la has visto. Se trata de una de las esculturas más conocidas y fáciles de reconocer del mundo. La conoces como *El pensador,* de Augusto Rodin, aunque originalmente se la llamó *El poeta.* La escultura original formaba parte de una obra mayor conocida como *Las puertas del infierno,* basada en las obras del poeta Dante.

¿Qué te dice *El pensador*? Muchos de nosotros diríamos sin dudar que «pensar es importante». Y, aunque eso es verdad, hay algo más significativo en el mensaje de esta obra de arte.

Para comprender lo que quiero decir, intenta adoptar la postura de la figura que representa *El pensador*: coloca ambos pies sobre el suelo, la mano derecha inclinada y apoyada por debajo del mentón. Luego pon tu codo derecho sobre la rodilla izquierda. ¿Cómo se siente? ¿Poco confortable? ¿Difícil?

Así es como lo explicó Rodin: «Lo que hace pensar a mi *pensador* no es solo pensar con su mente, con su ceño fruncido, con sus fosas nasales dilatadas y sus labios apretados, sino con cada músculo de sus brazos, espalda y piernas, con su puño apretado y los pies sujetos al piso».[1]

¿Cuándo fue la última vez en que pensaste con tanta fuerza?

¿POR QUÉ PENSAR?

Pensar es algo que haces continuamente, pero raramente te detienes a pensar sobre ello (a este proceso se lo llama metacognición: pensar acerca del pensar). Un pensamiento correcto e intencionado presenta grandes beneficios.

1. Pensar crea tu visión y tus planes

Una visión a la que no se le añade pensamiento se convierte en una fantasía. Pensar es mucho más que tener una idea: incluye también darles forma a las ideas y elaborar planes. Las estrategias son ideas con piernas.

2. Pensar te permite ver lo que otros no ven

Lo único que limita tu pensamiento es tu propia imaginación. La gente habla de tener un segundo pensamiento. Los pensadores eficaces tienen un tercer y un cuarto pensamiento, y aún más. Estar dispuesto a pensar mejor, por más tiempo y con mayor solidez, te dará mayor agudeza.

3. El pensamiento identifica los problemas y las soluciones importantes

La mayoría de los problemas son fáciles de identificar, un poco más difíciles de formular y aún más difíciles de solucionar. Uno puede reaccionar ante un problema, pero encontrarle una solución es algo proactivo. El pensamiento tiene que ver con anticipar los problemas y resolverlos antes de que se desarrollen o empeoren. Se relaciona con detectar tendencias y sacar conclusiones sobre qué hacer con ellas.

4. Pensar elimina errores y presunciones

Una falta de atención al proceso del pensamiento nos coloca en peligro de caer en errores y presunciones no tenidos en consideración. Pensar bien nos ayuda a identificar aquellos errores y creencias que potencialmente pueden evitar que progresemos.

CÓMO PENSAR MEJOR

Vivimos en una época que parece marcada por un déficit de atención. Nuestras vidas están sometidas a tantas demandas que compiten entre ellas, que un dilema moderno parece ser la falta de tiempo para pensar realmente. Sin embargo, el pensamiento constituye la base de todo lo que sucede. Es peligroso dejar que otros piensen por nosotros, o permitir que los negocios y el activismo minimicen la cantidad de tiempo que dedicamos a realizar un pensamiento concienzudo sobre nuestro trabajo y nuestra vida.

Los buenos líderes, dirigentes, padres y trabajadores voluntarios son siempre buenos pensadores. Los mejores —y aquellos que continúan progresando— son excelentes. Las sugerencias sencillas que incluimos a continuación te permitirán asumir una mejor manera de pensar y cosechar los beneficios derivados del pensamiento.

1. Hazte un tiempo para pensar

Desarrollar un buen pensamiento lleva tiempo, y el tiempo es limitado. Muchas veces, durante los días que me encuentro en Denver, generalmente a mitad de la tarde, me voy a algún lugar a pensar. No llevo el teléfono celular. Solo tomo conmigo un bloc de hojas y un lápiz. Mi objetivo es dedicar entre quince y treinta minutos al pensamiento ininterrumpido.

Resulta difícil. En pocos minutos comienzo a pensar en una llamada que necesito responder, en un correo electrónico que preciso enviar o en un proyecto sobre el que tengo que trabajar. El pensamiento proactivo se ve desplazado por el pensamiento reactivo.

Pero pensar resulta esencial. Nos ayuda a diferenciar entre lo cotidiano y lo excelente. Clarifica tanto nuestra dirección como nuestros propósitos. Requiere que paremos de atender nuestros negocios y llevemos adelante nuestra vida lo suficiente como para pensar en nuestros negocios y en nuestra vida.

2. Encuentra un buen lugar donde pensar

¿Tu hogar cuenta con un «estudio»? Los hogares de hoy son más proclives a contar con una «oficina en casa», pero en el pasado los hombres y mujeres se retiraban al estudio, luego de la cena, para ponerse al día con el trabajo, planear el futuro, y, como su nombre lo indica, estudiar. Es difícil saber cuántas de esas actividades se llevan a cabo hoy, pero un estudio puede resultar un excelente lugar para pensar, en especial si lo diseñamos con ese fin. Cuando George Washington residía en Mount Vernon, por ejemplo, pasaba un promedio de dos horas por la mañana y toda la tarde solo en su biblioteca.[2] Pero cualquier área que permita estar en calma y libre de interrupciones constituye un buen lugar.

Uno de mis sitios favoritos para pensar se halla a treinta minutos de Denver, en la ladera de una pequeña montaña que mira hacia la División Continental. He escrito dos de mis libros en las canfeterías de esa localidad.

La razón para tener un lugar en donde pensar es que una locación que sirve a ese propósito facilita rápidamente la función del pensamiento. Cuando uno va a un lugar o espacio específico para pensar, la mente se condiciona a hacer precisamente eso.

3. Elimina errores y pensamientos obsoletos

Se dice que Mark Twain una vez observó: «No es lo que no sabes lo que te mete en problemas. Es lo que sabes con certeza pero que precisamente no es de esa manera».

Para parafrasear a Scott Peck, el pensamiento debería ser la búsqueda de la realidad. Para que sea sólido, deberías considerar preguntas como «¿Qué es lo que creo?» y «¿Cómo sé que esta conclusión es verdadera?» o «¿Quién lo dice?». En verdad, pensar puede resultar inquietante porque nos lleva a reexaminar cosas que a menudo hemos dado por ciertas.

Además, un buen pensamiento no se relaciona solo con las cosas nuevas que aprendemos, sino con las inadecuadas que abandonamos.

Se afirma que Alvin Toffler dijo: «Los analfabetos del siglo veintiuno no serán aquellos que no sepan leer y escribir, sino aquellos que no puedan aprender, borrar de su memoria lo aprendido y volver a aprender».[3]

«Borrar lo aprendido» tiene que ver con examinar el pensamiento obsoleto. ¿Qué cosas creíste alguna vez que ahora ya no crees o que fueron luego refutadas?

La teoría del hemisferio izquierdo y derecho del cerebro ha sido muy popular durante años entre los oradores y consejeros. Sin embargo, las últimas investigaciones encuentran que se trata de un modelo muy dudoso y para nada exacto. Todavía continúa siendo utilizado porque a la gente «le gusta» y «se siente cómoda» con él.

La verdad puede liberarnos, pero a veces nos causa enojo. He descubierto que las verdades que con frecuencia más me incomodan, o a las que más me resisto, son aquellas que más necesito aceptar. Las creencias erróneas parecen ser naturalmente inmunes a la verdad, y nosotros tendemos a proteger aquellas a las cuales más deseamos aferrarnos, aun cuando no sean correctas.

Así que para mejorar tu pensamiento necesitas estar dispuesto a admitir que te has equivocado.

Jack Nicholson dijo en una entrevista con la revista *Esquire*: «Me encanta dialogar. Me muero por cambiar mi mentalidad. Probablemente sea el único liberal que ha leído *Treason*, de Ann Coulter. Quiero saber. ¿Comprenden? Me gusta escuchar a todos. Eso es para mí el elixir de la vida».[4] Nicholson es conocido como uno de los más grandes actores de nuestros días, pero aquí se muestra como alguien admirable por una razón diferente: está abierto a nuevas ideas.

Erradicar un pensamiento erróneo u obsoleto puede ser una tarea pesada, puede hacernos sentir incómodos, y puede requerir que abandonemos ideas a las que nos hemos apegado. Pero deshacernos de ideas y pensamientos obsoletos es solo un comienzo.

Necesitamos ir un paso más allá y reemplazar esas nociones defectuosas por ideas mejores y un pensamiento más eficiente.

Estas son algunas maneras de detectar errores de pensamiento:

- Tener criterio. Las declaraciones muy amplias y las generalizaciones realizadas a grandes rasgos suelen no resultar verdaderas (aunque contengan algún grado de verdad).
- Percibir cuando se produce una simplificación excesiva para ganar tiempo y reducir esfuerzo.
- Mirar más allá de las creencias populares. Realizar una investigación y un estudio propios.
- Identificar las excepciones a la regla. Una rigidez en el pensamiento nos lleva a olvidar que a menudo hay individuos que quebrantan las reglas con éxito. Tomar conciencia de que a menudo (si no siempre) que se produzcan excepciones a una determinada regla nos mantiene más flexibles, nos permite desafiar al *statu quo*, y evita que quedemos desconcertados y sacando conclusiones erróneas cuando nos cruzamos con esas excepciones.
- Preguntarnos: «¿Cuáles son los mínimos imprescindibles para alcanzar éxito en esta situación o en este proyecto?».

Otro error de pensamiento es el «ideacidio»: matar prematuramente una idea antes de que sea considerada o puesta a prueba. Los pensadores cerrados rechazan las ideas inusuales en vez de pensarlas dos veces. La mejor manera de pensar requiere de una apertura para realizar una consideración imparcial.

4. Enfoca tu pensamiento

Uno de los mayores obstáculos que enfrenta el pensamiento es la falta de enfoque. Es cierto que dejar vagar la mente puede lograr ciertos beneficios. Pero esta aproximación abierta y espontánea no siempre es la mejor.

Para enfocar tu pensamiento en una superación, comienza con estas cinco preguntas:

- ¿Dónde o en qué quiero mejorar?
- ¿Por qué quiero mejorar?
- ¿Cómo voy a mejorar?
- ¿Cuándo voy a comenzar?
- ¿Cómo mediré el éxito logrado?

5. Escríbelo

Con el correr del tiempo mucha gente va teniendo buenas ideas. El problema no es la falta de ideas sino la falta de memoria. Antes de poder usar una idea uno tiene que recordarla.

Las ideas son fugaces y es preciso capturarlas. Algunos de los mejores resultados que alcanza el pensamiento se producen cuando uno revisa sus notas sobre sesiones de pensamiento anteriores y aumenta o modifica aquello que ha obtenido.

Escribir tus ideas te brinda la oportunidad de revisarlas y reevaluarlas. Algunas de las grandes ideas que puse por escrito, un par de semanas después no me parecieron tan geniales; y algunos pensamientos incipientes crecieron con el tiempo hasta convertirse en ideas verdaderamente buenas.

6. Estimula tu mente

Doug Hall, gurú creativo y fundador del Rancho ¡Eureka!, está convencido de que el café es el máximo elixir para el pensamiento (y esa es otra razón por la que a veces me dedico a pensar en cafeterías). Christopher Marlowe creía que una buena conversación resulta tan estimulante como el café, y creo que también el hecho de pensar debería serlo. Pero una taza de café para dar inicio al proceso no produce ningún daño.

Hay otras maneras de estimular el pensamiento. Leer fuera de tu zona de confort es una de ellas. Sea que eso signifique elegir un libro o una revista que presente un desafío, o simplemente leer una publicación de un campo no tan familiar, el punto es introducir nuevos conceptos e ideas en la mente. Recorrer la misma ruta conocida te llevará a los mismos lugares conocidos. Arribar a un destino exótico requiere tomar una ruta diferente.

7. Considera los cuatro cuadrantes de la matriz potencial

Aplicar el pensamiento (uno de los cuadrantes de la Matriz Potencial) a cada uno de los cuadrantes puede tener un efecto poderoso. Al acto de pensar sobre cómo es que piensas, tal como lo mencionamos anteriormente en este capítulo, se lo denomina *metacognición* y, aunque suene algo impresionante, se trata solo de una manera rápida de mejorar el pensamiento. Además de involucrarte en algo de metacognición, piensa en lo siguiente:

- en tu desempeño y cómo mejorarlo
- lo que necesitas aprender, lo que deseas aprender, y cuáles son las maneras más eficaces de hacerlo

———

Ahora tu tarea, si eliges aceptarla, es planificar un tiempo para practicar cada día el arte casi perdido de pensar. Durante los próximos cinco días incluye un tiempo para pensar en tu calendario y practica las sugerencias que acabamos de considerar. Al final de este período, evalúa los beneficios de los que has disfrutado.

Lo inteligente que eres está determinado en parte por la genética, pero solo tú determinas lo bien que puedes llegar a pensar. Mucha gente utiliza el pensamiento como un programa de *software* que opera en el trasfondo de su cerebro. Ponerlo en primer plano y prestarle atención para superarte te volverá mejor no solo en la cuestión del pensamiento, sino en todas las formas de usarlo.

Acciones

1. Hazte un tiempo para pensar sostenidamente.
2. Enfócate en pensar acerca de qué mejorar y cómo hacerlo.
3. Elimina errores y pensamientos obsoletos.
4. Estimula tu mente.
5. Anota tus pensamientos.

CÓMO PUEDO MEJORAR

Randy Pennington, autor y consejero sobre cambios

La definición de la palabra «mejor» cambia y aumenta cada día. Así que, para mí, el proceso de mejora comienza cuando se tiene la mentalidad de que uno constantemente debe volver a ganar valor y relevancia dentro del mercado. Y acaba mostrando sinceridad, honestidad y responsabilidad acerca de los resultados. En el medio, intento poner en práctica estas tres acciones: mirar, escuchar y aprender. Continuamente observo qué es lo que hacen los mejores y lo comparo con mis habilidades y actuación. Escucho lo que otros dicen acerca de mí, lo que valoran, esperan y piensan sobre mi modo de actuar. Finalmente, me esfuerzo mucho por aprender, crecer y adaptarme en las áreas de mi trabajo y de mis relaciones que resultan importantes para lograr el éxito.

CAPÍTULO 7

Introspección perspicaz

Cómo entrar a un cuarto sin puertas ni espejos adecuados

Todos los problemas de la humanidad
derivan de la inhabilidad del hombre para
sentarse solo y en silencio en un cuarto.

—Blaise Pascal, *Pensées*

La matriz potencial

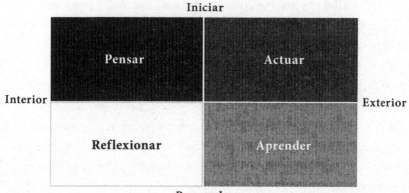

¿Alguna vez has tenido una epifanía? Se trata de una experiencia de revelación repentina y sorprendente. Generalmente se la asocia con una experiencia religiosa o con descubrimientos científicos, pero puede suceder en cualquier situación. Cuando se produce una epifanía, algo que era previamente opaco u oscuro se vuelve claro, a menudo con un efecto poderoso.

¿Con qué frecuencia experimentas estas intensas percepciones? ¿Hay alguna forma de experimentarlas con mayor frecuencia? ¿Se vinculan específicamente con tu vida: tus relaciones, tu trabajo, tú mismo?

Cuando nos dedicamos a realizar una introspección a menudo notamos distorsiones, como si nos estuviéramos mirando en el espejo de una casa de diversiones que nos devuelve un aspecto bizarro y a veces grotesco de nosotros mismos. Nos vemos de una manera distorsionada porque nuestra perspectiva ha sido configurada por el modo en que nos ven los demás, por la forma en que otras culturas se comparan con la nuestra, por cómo nos evalúan las organizaciones y otras razones más. Resulta difícil realizar un examen certero de nuestros procesos mentales y emocionales. Este no es un dilema de aparición reciente.

Hace 2.400 años se esculpió una inscripción sobre la puerta del templo de Delfos: «Conócete a ti mismo».

¿Es realmente posible conocerse a uno mismo? Esa ha sido una pregunta arraigada en el interior de muchos pensadores profundos. Independientemente de tu postura ante esta pregunta atemporal, ella plantea una consideración más práctica: aun si nunca pudieras comprenderte por completo a ti mismo, ¿no sería fabuloso que accedieras a un mejor conocimiento de ti? ¿Es posible que este dicho resulte verdadero: «Para poder crecer primero debes conocerte a ti mismo»?

Las epifanías (o sea, tener claridad y alcanzar una comprensión más profunda acerca de ti mismo y de cómo mejorar tu vida) llegan a través de la introspección.

¿POR QUÉ VOLVERTE INTROSPECTIVO?

¿Cuáles son los beneficios de comprenderte mejor a ti mismo?

1. La introspección te ayuda a verte como realmente eres

Resulta esencial que logres una clara visión de ti mismo. Te permite ver lo bueno y lo malo, lo que estás haciendo correctamente y aquello en lo que necesitas mejorar.

2. La introspección proporciona una comprensión más profunda

Pascal escribió: «El corazón tiene razones que la razón no entiende». A veces hay razones que uno no entiende o que no llega a comprender fácilmente sin la contemplación.

¿Alguna vez te has descubierto haciendo algo durante semanas, meses y hasta años, y llegar luego a un punto en el que te preguntas por qué lo estás haciendo? La acción sin una motivación es difícil de sostener. Vivimos en una época en la que es fácil estar muy atareados sin saber por qué o sin tener razones valederas para ello.

3. La introspección provee perspectiva

La introspección contrasta quién eres con quién quieres ser, y lo que estás haciendo con lo que deberías estar haciendo. Revela aquello en lo que eres bastante bueno y aquello en lo que tienes un profundo deseo de mejorar.

4. La introspección va más allá de simplemente pensar en algo

Tú puedes sacar a relucir razones y explicaciones a nivel consciente a través de un típico proceso de pensamiento, pero la contemplación, la reflexión y la introspección te llevan a una mayor profundidad en las áreas de tu corazón y de tu mente que te resultan menos conocidas.

EL CUARTO SIN PUERTA

Cuando enseño acerca del cuadrante de la introspección, me refiero a él como el cuarto que no tiene una puerta obvia. Mis clientes me dicen que comprenden este cuadrante desde lo conceptual, pero que no consiguen usarlo en un nivel práctico.

Piensa en las veces en las que has leído un libro de misterio o en que has visto un programa de televisión en el que, apretando un botón secreto o quitando un libro de un estante, de pronto se abría un pasaje hacia un cuarto oculto. Aquel que no sabía dónde estaba ubicado el botón o el libro nunca podría encontrar el cuarto.

La introspección puede ser ese camino. Intentamos reflexionar profundamente, pero nos frustramos por nuestra falta de habilidad para acceder al espacio que deseamos.

En este capítulo explicaré algunos caminos que nos permiten entrar al cuarto de la reflexión, y luego analizaremos los beneficios de lo que uno puede aprender allí.

CINCO RAZONES POR LAS QUE LA INTROSPECCIÓN RESULTA INFRECUENTE

1. Por falta de tiempo

¿Cuánto tiempo tienes cada día para hacer una pausa? Encontrar tiempo para llevar a cabo una profunda tarea introspectiva probablemente sea el mayor desafío que enfrenta y el más grande impedimento con el que se encuentra la introspección.

Nicholas Carr, autor de *Superficiales*, identificó un impedimento importante para la introspección: «Encontrar momentos en los que dedicarse a un pensamiento contemplativo siempre ha constituido un desafío, debido que nosotros somos dados a la distracción. Pero ahora que llevamos encima esos poderosos aparatos de comunicación todo el día, las oportunidades se han vuelto aún menos frecuentes por la simple razón de que tenemos la posibilidad de distraernos constantemente».[1]

Como padre descubrí que no tenía tiempo para mis hijos; y me hice el tiempo. Nos hacemos el tiempo para aquello que realmente valoramos; de otro modo, nos vemos controlados por programas impuestos por las demandas de los demás.

2. Por temor

La negación o evasión puede ser la manera en que la mente nos protege de lo que no nos resulta placentero. Leí una vez a un autor que decía que la mayoría de las personas no están demasiado ocupadas como para no poder levantar la mirada del trabajo que realizan; es solo que temen hacerlo.

Mark Twain señaló: «Cuánto más conozco a la gente más me gusta mi perro». Yo podría modificar esa declaración basándome en mi propia experiencia: cuánto más me conozco a mí mismo más me gusta mi perro. El problema es que la evaluación sincera de uno mismo puede llevar a realizar ciertos descubrimientos muy deprimentes. Y resultar desalentadora. Uno puede llegar a sentirse contento por el bien genuino que encuentre adentro, o mortificarse al realizar un sincero examen de sus propias imperfecciones.

3. Por dificultades

Meterse hacia adentro es una travesía complicada. La introspección constituye el más difícil de los cuatro cuadrantes. Resulta exigente y poco nítida; y, para muchos de nosotros, extraña. Los otros tres cuadrantes de superación de la matriz potencial no son fáciles, pero este es el más arduo (y a veces desconcertante).

4. Porque es una pérdida de tiempo

Están aquellos que se enfocan en el mundo externo del hacer porque creen que el mundo interior es menos importante o irrelevante. Estoy convencido de que el mundo interior informa al mundo exterior, y que para la mayoría de nosotros el volvernos hacia adentro para comprender nuestras motivaciones, esperanzas, temores y sueños ofrece algunas de las mayores ventajas para mejorar en cada área de nuestra vida.

5. Porque no se puede llegar hasta allí desde aquí

Cuando surge el tema de la introspección, puede presentarse ante nuestra mente un gurú en la cima de una montaña con sus piernas plegadas y una expresión distante. Y existe una razón para ello. Aunque he leído y estudiado mucho sobre la introspección y la reflexión, no encontré un mapa de ruta claro. Aunque les voy a hacer algunas sugerencias, no creo en un enfoque que proponga usar un único molde para encarar un tema tan difícil. En lugar de ello, experimentemos. Sugiero que intentes usar las ideas que incluyo a continuación, y que las adaptes para personalizarlas según tu necesidad.

QUÉ ES Y QUÉ NO ES LA INTROSPECCIÓN

La introspección no es con bajar el ritmo; es detenernos

La mejor reflexión no se lleva a cabo «sobre la marcha». Tú puedes pensar mientras estás en movimiento (en una bicicleta de entrenamiento, caminando entre una reunión y otra, conduciendo hacia el trabajo), pero los niveles más profundos de introspección casi siempre demandan relajación, lo que implica ausencia de movimiento.

No solo requiere un estado de descanso, sino… aquietar la mente.

Este proceso se relaciona menos con lo que tú adquieres y más con lo que aceptas de él.

Tú piensas buscando un resultado que ya tienes en mente. Pero, en cambio, cuando haces introspección el resultado surge como un subproducto.

La introspección no es ensimismarse

Aislarte de los demás a través de la introspección puede convertirte en un ermitaño o en alguien absorto en sí mismo. Pero no debería desconectarte en forma permanente de las demandas del mundo y de tu vida. Se trata de una pausa temporal y periódica que te permite aprender cosas que no podrías llegar a conocer solo a través del pensamiento y de la acción.

La buena reflexión conduce a la acción, y mejora tanto tu vida interior como la exterior.

CÓMO UTILIZAR MEJOR LA INTROSPECCIÓN

1. Detente y abre un espacio para reflexionar

Resulta imposible volverse introspectivo cuando uno va andando a cien millas por hora con los pelos de punta.

Es importante hacerse un tiempo para pensar. También resulta importante, y más difícil aún, crear un espacio para reflexionar. El pensamiento se relaciona con el uso de la información, en tanto que la introspección tiene más que ver con lograr una mayor percepción.

Uno se puede plantear específicamente en términos de pensamiento un desafío o un problema: «¿Cómo logro aumentar las ventas?».

Pero en asuntos de una percepción, a la que se ha llegado a través de la introspección, el proceso se vuelve más general: «¿Cómo me siento con respecto a mi trabajo?» y «¿Por qué me siento así?».

2. Despeja tu mente de distracciones

Muchos usan hoy la concientización como una manera de despejar su mente y enfocarse en una toma de conciencia del momento presente. Enseña a reconocer y aceptar con calma los propios pensamientos, sentimientos y sensaciones corporales.

¿Qué podría distraerte en tu búsqueda de mejores percepciones? Las preocupaciones y la ansiedad están al tope de la lista, así como también la frustración por la vaguedad del proceso. Y el «demandar» percepciones que no siempre se presentan cuando lo deseas.

Despejar la mente es el aspecto más difícil de la introspección. No es algo que la mayoría de nosotros lleve a cabo o experimente con frecuencia. Pero resulta esencial.

3. Limita tu atención

Más que intentar hacer que el océano hierva, enfócate en algo significativo. No puedes enfocarte eficientemente en demasiadas cosas a la vez. Cuando se trata de reflexionar, es mejor enfocarse en lo más importante que en muchas consideraciones secundarias.

¿De qué áreas de reflexión puedes ocuparte?

De la emocional

La manera en que te sientes con respecto a tu vida y tu trabajo constituye una buena guía. Comprender no solo lo que sientes, sino el porqué te sientes así resulta revelador. Los sentimientos difusos no brindan información a menos que los puedas comprender.

De la física

¿Tu cuerpo intenta decirte algo? Los dolores y las molestias no son solo una incomodidad; pueden estar señalando algo que necesita atención. No soy médico, pero creo que algunos sentimientos y experiencias arraigados en nuestro interior impactan directamente sobre nuestra condición física.

De la espiritual

¿Qué crees de los asuntos que se relacionan con la fe? Si crees en Dios, ¿qué piensas que él está tratando de decirte? En el Antiguo Testamento el salmista escribió: «Espera a Jehová» (Salmos 27.14). ¿Cuál puede ser el resultado de esa espera? Posiblemente una apertura a otras ideas, así como también una renovación de las fuerzas.

A menudo se considera la oración como hablar con Dios. En mi experiencia, la oración puede tener que ver con escuchar a Dios y descubrir esa voz calma que transmite aquello que él desea que yo escuche.

Meditación y *contemplación* son sinónimos, y existen muchos libros y escritos excelentes acerca de cómo meditar; algunos seculares y otros religiosos.

4. Acalla al juez

En algún momento necesitarás discernir si algo es bueno, malo o neutral; si resulta de ayuda o no. Pero la introspección puede ser rápidamente acallada por la emisión de un juicio. Tan pronto como arribas a una conclusión dejas de reflexionar. Si algo te parece negativo o atemorizador no te quedas allí.

Para mantener tu corazón y tu mente abiertos, necesitas acallar al juez que tienes en tu cabeza. Ese juez resultará esencial más adelante durante el proceso, cuando te desplaces entre los cuadrantes de la matriz potencial, para evaluar y luego diferenciar entre lo bueno y lo mejor, pero en las primeras instancias de la reflexión puede cerrarle muy rápidamente la puerta a cualquier epifanía.

Cada una de nuestras vidas es una historia que puede expresarse y comprenderse de diferentes maneras. La introspección nos permite considerar nuestras propias narraciones para poder comprender no solo nuestra historia, sino también cada capítulo y cada frase. Eso nos brinda la oportunidad de mejorar la historia, no revisando sino reconsiderando lo que ya ha sucedido y su significado; y por lo tanto escribiendo mejores frases y capítulos al continuar avanzando.

El punto no es comprender mejor tu historia; la cuestión es mejorar tu historia.

La meta no es simplemente *saber* más sino *ser* más. Las epifanías y las percepciones deberían llevar a realizar ajustes y cambios en la conducta. Eso podría implicar el acabar con algunas cosas, realinear otras y asumir nuevos desafíos.

Puedes pasar tiempo reflexionando sin alcanzar percepciones o epifanías importantes. Pero sean cuales fueren tus pensamientos bien podrían tener su valor. El desafío es encontrar formas de aplicarlos para que te ayuden a mejorar lo alcanzado hasta aquí.

Acciones

1. Lucha contra el temor a reflexionar.
2. Detente a reflexionar.
3. Despeja tu mente.
4. Delimita tu atención.
5. Acalla al juez.
6. Desea epifanías, pero no las esperes.

CÓMO PUEDO MEJORAR

Mark Shupe, pastor de vida comunitaria,
Cherry Hills Community Church

En mis estudios de consejería, a menudo oí la frase: «Las cosas deben de empeorar antes de que mejoren». Ciertamente, que las cosas no vayan bien puede ser un catalizador para realizar los cambios necesarios para mejorarlas. Pero lo que nos lleva a un cambio más profundo y perdurable es lo que denomino la conciencia personal. Si voy a ser un mejor marido, padre, compañero de trabajo o persona, primero debo examinar honestamente la condición de mi corazón, todos mis pensamientos y motivos que conducen mis acciones. Identificar y reconocer estos deseos, a veces egoístas y dañinos, es el primer paso para llegar a ser una mejor persona. Solamente al identificar las causas fundamentales de mi comportamiento no deseado, podré avanzar en convertirme en una persona mejor.

TERCERA PARTE

Los medios para lograr el perfeccionamiento

CAPÍTULO 8

Interrúmpete tú mismo

Si no lo haces, algún otro o
alguna otra cosa lo hará

Mejorar es cambiar; ser perfecto
implica cambiar con frecuencia.

—Winston Churchill

Ahora que comprendes *dónde* puedes realizar las mejoras usando la Matriz Potencial, estás listo para crear un mejoramiento exitoso utilizando cuatro herramientas: *interrumpirte a ti mismo, reenfocar, involucrar a otros y expandir tu capacidad*.

John, un líder estudiantil universitario, estaba haciendo una presentación ante una gran audiencia en un campamento de verano. Como líder electo de su organización juvenil, era un comunicador destacado y un intérprete consumado.

Realizó lo que él consideró una presentación destacada y llena de fuerza. Luego el grupo se dispersó y se dirigió de nuevo a las cabañas para pasar la noche.

Durante el viaje de regreso, John se reencontró con el consejero de su organización. Este era insistente con respecto a la excelencia y tenía reputación de ser severo pero justo.

«¿Y qué le pareció?», le preguntó John expectante.

Aquel guía mayor, sabio y respetado se detuvo un momento y simplemente le dijo: «Esperaba más».

Luego de aquello, según recuerda John, «Me di la vuelta y regresé al centro de conferencias para ponerme a trabajar». John se sintió perturbado (uno podría decir que interrumpido) por la respuesta, pero decidió hacer un mayor esfuerzo en vez de sentirse molesto. Eligió interrumpirse y mejorar para enfrentar el tiempo que tendría por delante.

Si no te interrumpes tú mismo, alguien o algo lo hará.

¿Comenzaste el día esperando ser interrumpido antes de que terminara? No encontrarás muchas personas que hagan esto. La interrupción resulta al menos perturbadora, cuando no desagradable. Obliga al cambio y requiere de un esfuerzo extra.

La literatura enfocada en los negocios abunda en artículos que utilizan la palabra *interrupción*. Hay tecnologías, industrias, compañías y hasta a veces naciones disruptivas. Normalmente, los que provocan la interrupción son aquellos que cambian el juego, con frecuencia alterando las cosas para mejor y para su propio beneficio. La interrupción no tiene que ver con cambios escritos en letras pequeñas. Se relaciona con cambios grandes, que captan la atención, que abofetean y lo dejan a uno patas arriba. Pueden ser revolucionarios, pero en todos los casos una cosa es segura: aquellos que se sienten interrumpidos nunca vuelven a ser los mismos.

Mucha gente y muchas compañías esperan que la interrupción los modifique. Reaccionan ante ella y la llaman «administración del cambio». En realidad, no tienen otro recurso. Simplemente asumen el cambio al que se han visto forzados, adaptándolo y hasta perfeccionándolo por una cuestión de supervivencia. Y nadie puede contar con la posibilidad de volver a su anterior nivel de éxito cuando la interrupción llega de afuera.

¿Y qué de aquellos que están comprometidos a lograr un mejoramiento? La interrupción propia resulta buena y necesaria para ellos. Los que se interrumpen ellos mismos incomodan a los autocomplacientes, desafían la mediocridad, impulsan la innovación y mantienen a la gente y a las compañías en constante crecimiento. Desafían el *statu quo*, tanto en ellos mismos como en aquellos que los rodean.

¿Qué pasaría si tú y yo nos interrumpiéramos rutinariamente? ¿Qué sucedería si cambiáramos antes de vernos obligados a ello, e innováramos cuando no lo necesitamos? ¿Cuáles serían los beneficios?

Encontramos dos diferencias significativas entre ser interrumpidos por otros y hacerlo nosotros mismos: la interrupción desde afuera es impuesta y puede resultar necesaria para la supervivencia; la interrupción desde adentro es algo que nosotros iniciamos y resulta necesaria para llegar a una innovación.

La interrupción que procede de afuera cambia tu juego. La interrupción que procede de adentro te convierte en el que cambia el juego. Si estás comprometido a lograr superarte más allá de lo que has conseguido hasta aquí, *interrúmpete tú mismo antes de que otro lo haga*.

¿POR QUÉ LA INTERRUPCIÓN?

1. Interrumpirte tú mismo abre el camino hacia el crecimiento

No todo cambio implica crecimiento, pero todo crecimiento constituye un cambio. La falta de disposición a confrontar supuestos para desafiar tu manera de pensar e intentar cosas nuevas se convierte en un obstáculo hacia tu superación.

Un objeto en movimiento es más fácil de mover que uno quieto. La autocomplacencia es permanecer quieto; la interrupción es movimiento.

2. Interrumpirte tú mismo te ayuda a adelantar en la competencia

Más que reaccionar, tú ya estás creando. En lugar de jugar al empate, estás jugando a ganar la delantera. Uno no gana jugando a no perder.

3. Interrumpirte tú mismo desarrolla los músculos de tu cerebro

Desecha la imagen del camino al progreso como un paseo hermoso, parejo y serpenteante en una bella campiña. El camino hacia el progreso es empinado, lleno de piedras y desafiante. Es un camino que requiere resistencia; y la resistencia (al igual que las interrupciones) desarrolla fortaleza.

4. Interrumpirte tú mismo brinda oportunidades inesperadas

Entrarás a un territorio que nunca antes has visitado, y si mantienes los ojos abiertos descubrirás oportunidades que otros no han visto ni detectado.

LA NEOMANÍA NO ES TOTALMENTE MALA

La neomanía tiene mala prensa. No se trata de una palabra común, así que, por lo general, es aún menos comprendida. Neomanía es el amor por lo nuevo simplemente porque es nuevo. Los neomaníacos, obsesionados y preocupados por las novedades, tienden a desear lo último de algo, o de todo lo que haya salido.

La mala prensa le viene por enfocarse en lo material y desear los últimos aparatos y dispositivos que hayan salido, y los mejores. La idea del cambio por el cambio mismo tiene una connotación negativa. Es algo considerado malo. ¿Pero siempre es algo malo?

Cerca del cincuenta por ciento de nosotros nos sentimos ««aburridos con frecuencia» en nuestro hogar o en la escuela, en tanto que más de dos tercios de nosotros sentimos un aburrimiento crónico en el trabajo». Hay investigaciones que sugieren una conexión entre este aburrimiento crónico y una variedad de resultados negativos que se producen, como «la sobreactuación, el ausentismo escolar, el comportamiento antisocial, el uso de drogas, los accidentes, la toma de riesgos, y muchos otros».[1]

La neomanía es una manera de interrumpir el aburrimiento y detonar una mejoría.

Por ejemplo, cambiar al entrenador de un equipo deportivo que pierde con frecuencia resulta en un aumento de partidos ganados, tanto para el equipo que el entrenador ha dejado como para el nuevo equipo al que él se une. Esto puede no durar, pero el cambio de personal altera la normalidad y revigoriza los esfuerzos.

Modificar las cosas rompe con la monotonía y la rutina. El cambio en sí mismo puede o no resultar en algo mejor (y por favor no malinterpreten esta idea asumiendo riesgos temerarios y realizando cambios costosos), pero romper los patrones y alterar prácticas rutinarias establecidas puede generar un nuevo entusiasmo, un nuevo dinamismo y crear oportunidades.

MIRA MÁS ALLÁ PARA ENCONTRAR UNA MOTIVACIÓN

Ser un empresario o llevar adelante negocios exitosos genera tanto un significativo temor como un entusiasmo por el trabajo realizado y orgullo por los logros. Tú eres tan bueno como tu cliente cree que eres. El éxito de ayer no garantiza el éxito de mañana. Y sabes que si no continúas superándote corres el riesgo de ser reemplazado y convertirte en alguien irrelevante u obsoleto.

Hay competidores y fuerzas que pueden resultar perjudiciales para tus negocios, y resulta crucial que tú sepas cómo lidiar con ellos. La paranoia es la preocupación irracional y poco saludable que produce una amenaza real o imaginaria. Es preferible enfocarse en aquellas amenazas reales que se pueden anticipar, evitar o contrarrestar.

Deberías hacerte las siguientes preguntas:

- ¿Qué dos o tres cambios, que se puedan producir en los próximos tres a cinco años, podrían causar más interrupciones a la forma en que llevo adelante mis negocios?
- ¿Cuáles son mis tres mayores competidores (individuos, compañías o tecnologías)
- y por qué?
- ¿Qué expectativas he visto crecer en mis clientes?

Cuánto más exitoso seas más difícil te resultará seguir siéndolo. Dejas de superarte cuando comienzas a creer que no hay nadie, ni ninguna cosa, que te pueda detener.

CÓMO INTERRUMPIRTE TÚ MISMO

1. Descubre quién y qué cosa necesita interrupción

La ignorancia es solo una felicidad temporal para aquel que quiere sentirse vivo, en plenitud y ser todo lo que pueda ser. La negación puede resultar una estrategia útil por un corto tiempo, pero con frecuencia se convierte en una estrategia desastrosa a largo plazo.

Interrumpirte tú mismo no tiene que ver solo con saber qué es lo que hace falta cambiar, sino con iniciar valientemente y con decisión ese cambio.

Es posible que necesites interrumpir tus hábitos. Al principio tú los estableciste, pero un día ellos comenzaron a configurarte a ti. Eliminar un hábito no siempre funciona, a menos que lo reemplaces por uno mejor y más sano.

Analiza qué prácticas precisan ser interrumpidas en tu vida. Puede ser que estés haciendo cosas que solían resultar exitosas pero que ya no funcionan tan bien, o que directamente no funcionan.

Piensa en interrumpir tus rutinas. Yo acostumbraba leer dos periódicos por día antes de ir a trabajar. Era algo de lo que disfrutaba, y en parte me resultaba informativo. Había mucha superposición entre los periódicos, y yo ya había escuchado los titulares previamente por CNN, mientras hacía gimnasia. Así que dejé de leer dos periódicos como rutina. Ahorraba entre 30 y 60 minutos, y eso me brindaba la oportunidad de darle un empujón al comienzo de mi día con actividades más productivas.

Un sueño que no estés procurando alcanzar activamente es solo una fantasía. Interrúmpelo. Yo soy piloto y tengo mi licencia, pero no me he actualizado durante un largo tiempo. Muchas veces pienso y sueño con actualizar mis capacidades y mi licencia para volar otra vez. Luego de varios años de considerar el tema, y hasta aún de procurar una buena instrucción de vuelo, me di cuenta de que eso no sucedería debido a las otras prioridades de mi vida. Y abandoné. Eso no significa que nunca volveré a volar. Pero al interrumpir mis fantasías se liberó en mí una energía y atención que podían ser usadas de mejor manera.

Las interrupciones más difíciles son las que tienen que ver con lo relacional. Si hay personas que resultan una influencia negativa o insana para ti, es posible que necesites cambiar, limitar o terminar tu relación con ellas. Si eres gerente o administrador, tal vez tengas alguien dentro de tu equipo al que haga falta interrumpir: o ese empleado se vuelve eficiente en sus tareas o tiene que buscar un empleo que le sirva en otro lugar.

2. Haz preguntas que interrumpan

«Vivimos en el mundo creado por nuestras preguntas».

—David Cooperrider

Conocer las respuestas correctas no cuenta cuando haces las preguntas equivocadas. Puede ser bueno saber mucho, pero te resultará mejor conocer aquellas cosas importantes que te ayuden a mejorar. Aquí van algunas de las preguntas que te puedes hacer:

- ¿Cuál es la lección más importante que he aprendido durante el año pasado?
- ¿Qué cosas estoy haciendo solo por hábito, pero no me sirven?
- ¿Qué cambio en mi estilo de vida mejoraría mi salud?
- ¿Con quién debería pasar más tiempo?
- ¿Qué cosas podría mejorar si usara nuevas tecnologías?
- ¿En qué ocasión no estuve atento a mi intuición y luego lo lamenté?
- ¿Qué cosas de las que antes disfrutaba extraño ahora?
- ¿Qué es lo que más me gustaría aprender?
- ¿Qué es lo que más necesito aprender?
- ¿Qué es lo más importante que debería dejar de hacer?
- ¿Qué es lo más importante que debería comenzar a hacer?
- ¿Cuáles son las tres metas que más desearía lograr durante el próximo año?

- ¿Qué de lo que hago es lo que produce mayor pérdida de tiempo?
- ¿Estoy apuntando demasiado bajo o demasiado alto?
- ¿Dónde se encuentra mi peor falla? ¿En el trabajo? ¿En mi casa?

Estas preguntas no tienen la intención de enfocarte en lo negativo, sino de llamar tu atención para que puedas encarar los cambios que, una vez alcanzados, pueden producir mejoras significativas.

3. Usa tus errores para lograr una interrupción ventajosa

«Los errores de un hombre son un portal hacia el descubrimiento».

—JAMES JOYCE

Los errores pueden frenar tus esfuerzos por mejorar y hacer que te desmoralices. Pero existen dos tipos de errores: aquellos que te obstaculizan y aquellos que te educan. Para ser claro: no hay una forma inteligente de cometer un error estúpido. Un error estúpido, y hasta una decisión tonta, es causado por falta de cuidado (el antídoto es ser más cuidadoso) o porque, aun sabiendo qué hacer, eliges actuar mal. Si ya por anticipado sabes que estás haciendo algo realmente estúpido, la única opción es no llevarlo a cabo. (¿Cuáles son las últimas palabras que decimos antes de cometer un error estúpido o de tomar una decisión estúpida? «¡Eh, muchachos, miren esto!»).

¿De qué manera tus errores pueden ayudarte a mejorar?

Primero, admitiendo el error. No puedes aprender mucho de un error que no reconoces como tuyo. La negación solo hace peor el error cometido.

Segundo, admitiendo tu responsabilidad. Muchos son rápidos para reconocer sus méritos, y aún más rápidos para echarle la culpa a los demás. No les cargues el muerto a los demás (lo que, como beneficio colateral, aumentará tu credibilidad ante los ojos de la mayoría de las personas sensatas).

Tercero, solucionando todo lo que puedas solucionar. Debe haber algunas cosas que puedas hacer para atenuar tu error, disminuir el daño, realizar una acción correctiva, o presentar disculpas y aún una compensación cuando afecte negativamente a otros. Si hay algo que puedas hacer para mitigar el daño hazlo cuanto antes.

Cuarto, aprendiendo todo lo que puedas. La experiencia es un buen maestro solo cuando prestas atención y aprendes de ella. Pregúntales a los demás qué es lo que puedes aprender de tu error. Aprovecha tus lecciones y perspectivas, contándoles acerca de tus errores a aquellos que puedan haber cometido equivocaciones similares.

4. Interrúmpete tú mismo con viejas ideas

C. S. Lewis, el autor y apologista cristiano de origen británico, también era profesor de literatura medieval y renacentista en la universidad Magdalene Collage, Cambridge. Amaba las ideas gestadas en esas épocas por su belleza y atemporalidad. Y acusaba a aquellos que no valoraban esas ideas o épocas de lo que él denominaba «esnobismo cronológico».[2] Los esnobs cronológicos creen que el pensamiento, el arte o la ciencia de una época anterior resultan inherentemente inferiores al compararlos con los del presente. Como resultado, descartan lo viejo sin tener en cuenta su relevancia y utilidad potenciales.

Debido a que a las viejas ideas con frecuencia se las subestima o se las echa al olvido, estas pueden convertirse en ricas fuentes de interrupción. Al no resultar familiares ni ser usadas por la mayoría, esas antiguas ideas pueden producir nuevas interrupciones: utilizar el pasado para interrumpir el presente, por así decirlo. Aunque nuestra cultura ha cambiado, muchos de los conceptos analizados y debatidos tanto tiempo atrás son atemporales. Tú solo necesitas encontrar nuevas maneras de aplicar esa sabiduría y, al hacerlo, interrumpirás lo moderno y aceptado a través de lo antiguo e ignorado.

SÉ VALIENTE

No quiero sonar melodramático, pero la autointerrupción no es para cobardes o timoratos.

Por ser criaturas de hábitos arraigados, muchos de nosotros mostramos deficiencia en el departamento de la flexibilidad. Nos gusta adherirnos al plan, hacer las cosas de la manera en que siempre las hemos hecho y colocar todo aquello que podamos en piloto automático. Nos adormecemos dentro de una rutina que nos cierra a la flexibilidad requerida para una autointerrupción.

La interrupción de uno mismo puede resultar riesgosa. Tiene que ver con abandonar las certidumbres. Aun cuando dejes de hacer lo que no funciona, no hay garantías acerca de lo que sí funcionará.

De todas maneras, hazlo.

Acciones

1. Identifica a quién o qué necesitas interrumpir en tu vida.
2. Cambia cosas para mantener tu travesía interesante.
3. Haz más preguntas capaces de interrumpir.
4. Saca lecciones de tus errores y fracasos.
5. Interrúmpete a ti mismo con antiguas ideas.

CÓMO PUEDO MEJORAR

Scott McKain, autor, conferenciante profesional, consultor

Una crisis de negocios es una gran motivadora para reinventarse. Hace varios años, mis ingresos descendieron, el ímpetu era inexistente y me encontraba con una montaña de facturas. Comencé a preguntar a las asociaciones de conferenciantes —que equivale a los representantes de los fabricantes en otras industrias— qué decían cuando recomendaban mis servicios a sus clientes. La respuesta principal era: «Es un buen tipo. Buen conferenciante». ¡Estaba aterrado! Intento ser un buen tipo y quiero ser un buen conferenciante, pero los clientes potenciales no buscaban esta combinación de cualidades. Los clientes potenciales buscan un autor o conferenciante que pueda presentar contenido de alto nivel de una manera convincente. Decidí reenfocar y reinventarme. Estudié los elementos de crear distinción en mi área de mercado, y descubrí que este era precisamente un tema que los clientes potenciales estaban interesados en aprender. Este reenfoque ha creado el éxito profesional del que disfruto ahora.

CAPÍTULO 9

(re)Enfócate

El antídoto contra la distracción perpetua

Lo que le preocupa a la mente controla la vida.

—Timothy Keller

Un amigo estaba buscando su teléfono celular y le explicaba eso a la persona con la que hablaba... por celular.

Vivimos en una época de distracción perpetua. El antídoto es enfocarse.

Simplemente mantenerse alerta no ayuda si uno no se enfoca en las cosas correctas.

¿Hasta qué punto estás enfocado en este momento? ¿Lees estas palabras mientras escaneas un nuevo texto en tu teléfono inteligente y, simultáneamente, chequeas si tienes nuevos correos electrónicos? ¿Estás concentrado en lo que sucede en este momento o preguntándote qué habrá de cenar esta noche?

Son muchas las cosas diferentes que nos pueden distraer, tanto en lo personal como en lo profesional. La era digital ha envuelto por completo nuestras mentes, y eso se hace evidente por el hecho de que la gente se comunica más a través de correos electrónicos, mensajes de texto y las redes sociales que cara a cara o por teléfono.

Una persona promedio, en su trabajo, chequea su correos electrónicos unas treinta veces por hora. Aun reconociendo que el correo es importante, ¿puedes imaginar todas las tareas que podrías llevar a cabo en tu día si te mantuvieras enfocado en aquello que es más importante?

Camino a desarrollar éxitos profesionales de largo alcance, encontrarás obstáculos y experimentarás desvíos. No puedes controlar todo eso, pero sí puedes controlar tu enfoque.

Las distracciones impiden mejorar. ¿Cuál es la solución? (re)Enfocarse.

¿POR QUÉ (RE)ENFOCARSE?

1. (re)Enfocar te ahorra tiempo y energía

Dejarás de perder tiempo en actividades ineficaces de escasa prioridad, y dedicarás más tiempo a aquellas que pueden rendir mayores resultados y llevarte a una superación.

2. (re)enfocar te mantiene en la senda correcta (o te lleva de vuelta a ella)

Periódicamente solemos salirnos de la senda, y necesitamos hacer reajustes. (re)Enfocar no tiene que ver simplemente con hacer cosas nuevas y diferentes, sino más bien con poder alinear tu esfuerzo con las realidades y necesidades presentes.

3. (re)Enfocar lleva a que otros se alineen

Si eres líder, tu equipo seguirá tu ejemplo. Cuando te enfocas, envías un mensaje fuerte con respecto a lo que necesitas hacer en ese momento.

4. (re)Enfocar acelera los resultados

No puedes obtener grandes resultados en poco tiempo haciendo cosas equivocadas. (re)Enfocar es hacer una evaluación de qué es lo que puede llevarte a obtener los mejores resultados más rápidamente.

CÓMO (RE)ENFOCAR

1. Desafía tu enfoque actual

«Solo quiero que la gente dé un paso atrás, respire profundo y en verdad considere las cosas desde una perspectiva diferente. Pero la mayoría nunca lo hará».

—Brian McKnight

El éxito puede ser un indicador temprano que te advierta sobre un fracaso. Como mi amigo Joe Calloway suele decir: «El éxito solo implica que sabes qué es lo que ha funcionado ayer».

Hacer las mismas cosas por hábito, sin examinarlas, resulta peligroso. Mejorarás si reemplazas las actividades erróneas o de bajo rendimiento por conductas más productivas. Eso implica que necesitas reevaluarlas con regularidad. Pregúntate:

¿Qué cosas hice en el pasado que debería comenzar a hacer de nuevo?

A veces no es precisamente que abandonemos las buenas prácticas; solo se nos deslizan. Con el correr del tiempo las realizamos con una menor frecuencia, o no tan bien, debido a que estamos muy ocupados y nos olvidamos de ellas. ¿Qué actividad te produciría los mejores resultados si volvieras a practicarla? En otras palabras, ¿qué fue lo que funcionó y seguiría funcionando si lo llevaras a cabo con regularidad?

¿Qué cosas debería dejar de hacer?

Solo porque algo solía funcionar no significa que siempre resultará exitoso. Pero nunca te darías cuenta de eso a partir de la obsesión que algunas personas y organizaciones muestran por replicar el pasado aun cuando no logran el resultado que desean. Tu primera tarea debería consistir en la eliminación de los procesos y prácticas obsoletos o poco eficaces.

¿Qué debería comenzar a hacer?

El desarrollo de nuevas capacidades y conductas requiere generalmente de una curva de aprendizaje, así que tendemos a dejar de lado su realización. Debes ser riguroso en cuanto a identificar lo que necesitas hacer, y comenzar a desarrollar esa habilidad. Las cosas que has decidido dejar de hacer necesitan ser reemplazadas por otras que te vuelvan más eficaz, más eficiente y mejor.

¿Qué cosas debo realizar de otra manera?

Modificar una práctica o proceso para mejorarlo resulta siempre una prioridad.

Un planificador financiero que conozco se dio cuenta de que tenía acceso a la misma información de inversiones que cualquier otra persona. Aunque era muy bueno explicándoles a sus clientes cómo beneficiarse de esa información, descubrió que podría mejorar buscando con prontitud nuevas ideas y transmitiéndoles la información a sus clientes con rapidez. Comparado con la competencia, notamos que él desarrolló una ventaja competitiva basado en la velocidad.

2. Deja de realizar múltiples tareas simultáneas

Una de las principales barreras que nos impiden mejorar es la realización de tareas múltiples al mismo tiempo.

Con frecuencia muchas personas alardean de ser buenas en la realización simultánea de tareas. Bueno... parece que van en una dirección equivocada. Investigaciones recientes han llegado a la conclusión de que a esas personas les toma más tiempo realizar su trabajo y de que, además, no lo llevan a cabo tan bien como deberían.[1]

Pensamos en la realización simultánea de múltiples tareas como la habilidad de llevar a cabo con éxito más de una actividad al mismo tiempo. Esto se ha convertido en un fenómeno aparentemente extendido por todas partes, tal como la costumbre de caminar en el parque mientras se conversa con un amigo. Pero existe una diferencia: caminar no requiere de nuestra atención cognitiva, de modo que podemos concentrarnos en la conversación. Otras situaciones, como intentar leer un libro mientras se escucha un discurso, resultan más complejas.

En realidad, a lo que solemos referirnos al hablar de realización de tareas múltiples es a un rápido cambio de atención entre una tarea y otra. Y eso es lo que crea la ilusión de estarlas llevando a cabo simultáneamente.

Nancy K. Napier, doctora en filosofía, en su artículo «El mito de las tareas múltiples» escribió: «Las investigaciones más recientes de la neurociencia han revelado que la mente no realiza tareas simultáneas, como pensábamos (o esperábamos) que pudiera hacer. De hecho, lo único que nosotros hacemos es simplemente cambiar de tarea rápidamente. Cada vez que pasamos de escuchar música a escribir un texto, o a hablar con alguien, se produce un proceso de detención/comienzo dentro de nuestro cerebro».[2] Este rápido cambio de tareas resulta tedioso, nos hace proclives al error y a la falta de concentración, y acaba requiriéndonos más tiempo que si encaráramos una tarea a la vez.

Y todo ese cambio se hace con un costo neurobiológico. Existe en el cerebro una estructura responsable de la tarea de cambiar. Cada vez que cambiamos de tarea, el cerebro responde desencadenando un cambio neuroquímico que involucra el consumo de glucosa, de la que tenemos una reserva limitada. Luego de una serie de rápidos cambios de actividad ha disminuido tanto la glucosa que tendemos a sentirnos agotados. Este proceso disminuye los recursos neuronales esenciales, inhibe el pensamiento correcto y conduce a errores.

Otro problema son los residuos de atención. Sophie Leroy, profesora de la Universidad de Minnesota, descubrió que a las personas les resulta difícil transferir su atención completa a una nueva tarea. Existe un remanente de la tarea previa no terminada que impide enfocarse por completo en el nuevo trabajo y que explica la expresión *residuos de atención*.[3]

Las demandas del lugar de trabajo a menudo crean la necesidad perceptible de un cambio de tareas continuo. Desafortunadamente, eso vuelve a las personas menos eficientes. Cuando uno suspende una tarea para hacerse cargo de otra, acaba arrastrando un cierto bagaje de la tarea previa hacia el próximo emprendimiento, y disminuyen los resultados que se deseaban.

Para abreviar, resulta más productivo, más satisfactorio y consume menos tiempo el concentrarse en una tarea y, de ser posible, completarla antes de encarar una nueva.

La capacidad de hacer bien y rápido una cosa requiere de una atención completa, y el mito de las tareas múltiples impide que eso suceda. Superarse en cualquier área tiene que ver con una función relacionada con la capacidad de prestar atención. Isaac Newton, por ejemplo, señaló que sus muchos éxitos y descubrimientos «se debían más a prestar atención pacientemente que a cualquier otro talento».

Deja de engañarte. Tú no eres en verdad alguien con la capacidad de realizar tareas múltiples; eres simplemente alguien que cambia de tareas. Y está bien si es eso lo que deseas hacer. Pero hay un camino mejor.

3. Separa un tiempo sin interrupciones para trabajar en lograr mejoras importantes

(re)Enfócate en la búsqueda de mejorar desde el comienzo del día. Empieza identificando cuáles son los trabajos, tareas y proyectos más significativos que necesitas llevar a cabo. Programa un tiempo específico para trabajar en ellos en lugar de intentar atenderlos en medio de otras tareas. Establece una meta de por lo menos treinta a sesenta minutos para dedicarte a ellos sin atender llamadas telefónicas, hablar con personas que entran o cualquier otra distracción. Elige enfocar tu atención en una cosa a la vez.

(re)Enfocar significa que tú sabes qué es lo importante, y reconoces que fácilmente te puedes distraer y desviarte si no asumes el compromiso de concentrarte en realizar ese trabajo.

4. Vuelve a (re)enfocarte dentro de los procesos en marcha

Necesitamos revisar constantemente las cosas en las que nos hemos enfocado para asegurarnos de que sigan siendo los temas de mayor y más alta prioridad en nuestras agendas. A medida que aumenta la velocidad de los cambios también lo hace la necesidad de (re)enfocarnos. Lo que tenía sentido la semana pasada puede no tenerlo tanto esta semana. Los clientes, nuestros colegas, nuestros empleados, todos ellos van cambiando su enfoque y eso tiene un impacto sobre nosotros. No alcanza con que estés enfocado si no estás en sincronía con el cambio de enfoque de aquellos que dependen de ti.

UN PENSAMIENTO MÁS PROFUNDO

(re)Enfócate en lo referido a cómo convertir tu pensamiento, metas, planes y visión en una realidad. Confecciona una agenda, luego de pensar las cosas en profundidad. Reseña lo que harás, a quién vas a incluir, los recursos que necesitarás y establece un cronograma. Eso te mantendrá enfocado y traerá a tu mente los siguientes pasos a dar.

INTROSPECCIÓN PERSPICAZ

Las verdaderas epifanías y percepciones generalmente son menos abundantes que las buenas ideas obtenidas a través del pensamiento. He descubierto que a menudo ellas tienen que ver con temas predominantes de nuestra vida. ¿Qué tal si estableces la meta de enfocarte en una percepción profunda cada semana? Anota al tope de tu calendario, o de tu herramienta de planificación, la percepción más profunda que hayas recogido, y luego cada día tradúcela en acciones grandes y pequeñas.

Mientras escribía esto, leí un artículo sobre una investigación acerca de cómo perder grasa del abdomen. Al pensar en ello luego, noté que lo que más me había impresionado de los cuatro grupos de participantes a los que se había estudiado era que los que lograron mayor éxito fueron aquellos que simplemente redujeron el tamaño de sus porciones. Comían las mismas cosas que ingerían normalmente, y sin embargo perdían peso. Así que decidí incorporar el control de las porciones como parte de mi enfoque diario.

PRIORIZAR EL DESEMPEÑO

No vas a mejorar tu desempeño si no prestas atención y registras las lecciones de práctica y aplicación.

Nota lo que funciona, lo que no y aquello que podría funcionar mejor. Incluye esos descubrimientos en la forma en que organizas (o resumes y recuerdas) tu desempeño, a lo cual ya hice referencia anteriormente. La evaluación puede proporcionar una retroalimentación útil para aportar a un círculo virtuoso de desempeño en superación.

APRENDIZAJE AVANZADO

Rick Warren, pastor de una megaiglesia, habla acerca de escuchar los sermones como un niño por lo que escribe continuamente en sus notas *SPC*: «Sí, pero ¿cómo?».[4]

Aprender es más que saber qué hacer. También se necesita comprender por qué hacerlo (eso provee una motivación) y cómo (o sea, la técnica de aplicación).

Aprendes mejor aquello que implementas con mayor prontitud. Lo mejor es salir de cualquier sesión de aprendizaje, sea una clase o el encuentro con un mentor, con solo una o dos cosas clave que intentar, y llevarlas a cabo cuanto antes.

(RE)ENFOCAR SE TRATA DE LOGROS Y NO DE ACTIVIDADES

La superación tiene que ver con mejorar, no con cansarse. Sentirte cansado al final del día implica que estuviste ocupado, pero eso no significa que hayas sido productivo o que eso te haya enriquecido. Trabajar con intensidad en algunas pocas cosas es mejor que ocuparse de muchas.

No hagas un intento por mejorar. En lugar de eso, más bien examina las cosas a fondo.

Hacer un intento es lanzar un chorrito de atención y esfuerzo. Los que hacen un intento comienzan con entusiasmo pero, una vez que logran algunos avances rápidos y fáciles en su mejoría, se detienen mucho antes de obtener el beneficio total.

El examinar a fondo combina el enfoque y la intensidad con las tareas de mayor prioridad y de más alto rendimiento.

Mejorar tiene que ver con un aumento en los logros, aunque eso implique esfuerzo y actividad adicional. El hecho de que estés demasiado ocupado es señal de que no estás siendo eficiente en cuanto a alcanzar una mejoría.

Al final del día pregúntate qué es lo que has logrado, y no sólo cuán ocupado estuviste.

A veces mejoramos al ocuparnos menos de las cosas que son de baja prioridad o rinden resultados mínimos.

Acciones

1. Desafía los supuestos (deja de hacer aquello que no te sirve en realidad).
2. Abandona la realización de tareas múltiples.
3. Separa tiempos para concentrarte en aquello que es más importante.
4. (re)Enfócate basado en los cuadrantes de la Matriz Potencial.

CÓMO PUEDO MEJORAR

Larry Winget, personalidad de la televisión

Yo era un orador motivacional exitoso, pero me harté de decir cosas en las que ya no creía totalmente solo porque era bueno al transmitirlas y porque vendían bien. Cambié por completo mi mensaje, mi apariencia y mi reputación para convertirme en El Único Orador Irritante del Mundo y en el Pit Bull del Desarrollo Personal®. Ese cambio para volverme auténtico y poder decir lo que creía en lo profundo de mi corazón fue lo mejor que hice jamás, no solo en lo personal sino en lo profesional. A veces para volverse mejor uno tiene que poner las cosas patas arriba. Requiere tener agallas, confianza en uno mismo y la disposición a sentirse incómodo, pero la recompensa puede ser enorme.

CAPÍTULO 10

Involúcrate con otros

Las claves para alcanzar un mejoramiento poco común

«Soy un hombre que se hizo a sí mismo, pero tuve que hacerlo todo de nuevo; me había hecho pasar por otro». Esta leyenda estaba escrita en un cartel cómico que mi padre, Les Sanborn, había puesto en exhibición. Resulta cómico, pero nos lleva a preguntarnos: ¿las personas exitosas se hacen ellas mismas?

Hay un antiguo dicho que señala que si ves a una tortuga sobre el poste de una cerca puedes estar seguro de que no llegó allí por ella misma. No conozco muchas personas exitosas que no sean como la tortuga. Han asumido la responsabilidad y hecho el trabajo, pero otros les han provisto ideas, las han monitoreado, instruido, alentado y otras cosas más. Aprovecha la sabiduría y ayuda de otros, y llegarás más lejos rápidamente.

La propia responsabilidad es el primer paso hacia una vida exitosa. Pero involucrar a otros y construir relaciones mutuamente beneficiosas influirá en todo lo que hagas.

AMIGOS POCO COMUNES

Jim Newton era un promotor de bienes inmuebles en Fort Meyers, Florida, a principios de 1900. Su amistad con cinco personalidades históricas lo volvió alguien único.

¿Quiénes fueron esos amigos poco comunes?

- **Thomas Edison:** inventor extraordinario. Sus inventos, que influyeron en gran manera en la vida de la gente en todo el mundo, incluyen el fonógrafo, la cámara de cine y la lamparita eléctrica.
- **Henry Ford:** industrial, fundador de la compañía Ford Motor Company y pionero de la producción en cadena.
- **Charles Lindbergh:** héroe de la aviación que piloteó solo el *Spirit of St. Louis* en el primer vuelo trasatlántico. También fue explorador e inventor.
- **Harvey Firestone:** fundador de la empresa Firestone Tire and Rubber Company y uno de los primeros fabricantes de neumáticos para automóviles a nivel global.
- **Alexis Carrell:** cirujano y biólogo francés, pionero en las técnicas de sutura vascular.

Newton señala en su libro *Uncommon Friends* [Amigos poco comunes], de Thomson Learning, 1989, que esos titanes de los negocios y de la industria compartían con él intereses y filosofías similares.

Jim Newton y esos cinco líderes de los negocios no solo vivían cerca los unos de los otros, y pescaban, cenaban y socializaban juntos, sino que aprendieron y mejoraron como grupo. Las perspectivas e ideas individuales de cada uno de ellos desafiaban, agudizaban y expandían el pensamiento de los demás.

Piensa en la posibilidad de mantener conversaciones de una manera regular con los líderes políticos, tecnológicos y comerciales de nuestros días. Considera los conceptos sorprendentes que podrías aprender no solo por leer lo que escriben y escucharlos, sino también involucrándote, haciendo preguntas y discutiendo sobre diferentes intereses. Nos superamos por asociación, no solo por estar con personas importantes, sino también conectándonos con ellas.

Marie Arana-Ward, editora de *Uncommon Friends,* dijo: «La amistad puede ser un trampolín hacia la excelencia y la creatividad; al cultivar sus amistades, cada uno de los amigos poco comunes se convierte en un ser humano más amplio que tiene más con qué contribuir a la cultura de su país».[1]

No todas las personas que constituyan un recurso para tu mejoramiento se convertirán en tus amigos cercanos, personales (obviamente, la mayoría no). Sin embargo, *Uncommon Friends* señala el poder que tiene el involucrarse con personas de distintos niveles para enriquecer y mejorar la propia vida.

Mientras consideras maneras de profundizar tus relaciones para mejorar, recuerda esto: te pueden ayudar a volverte mejor, pero no pueden hacerte mejor. Su interés, ayuda, apoyo y aliento solo pueden beneficiarte si estás dispuesto a hacer lo que sea necesario para superar el punto más alto que hayas alcanzado.

«No quemes los puentes» es un buen consejo. Pero uno mejor es: «Afirma los puentes».

Saber qué preguntar resulta importante. Saber a quién preguntarle es fundamental.

¿POR QUÉ INVOLUCRARSE CON OTROS?

1. Involucrarse con otros profundiza las relaciones

Mejorar es una bendición, pero una mayor bendición aún es involucrarse con otros en relaciones más profundas y significativas, aunque sea para aprender y compartir ideas.

2. Involucrarse con otros crea redes

Una organización exitosa, de cualquier tamaño, constituye una red de individuos talentosos y de un pensamiento afín. Aquellos con los que te involucras personalmente se convierten en parte de tu red extendida.

3. Involucrarse con otros impulsa la superación

Nadie tiene el tiempo suficiente como para aprenderlo todo por sí mismo. Me uní a una asociación de profesionales hace más de treinta años porque entendí que así abreviaría en algunos años mi curva de aprendizaje. Y así fue.

4. Involucrarse con otros ahorra tiempo

Puedes adquirir conocimientos a partir del éxito o el fracaso de otros. Eso te ayudará a replicar sus victorias y, esperemos, a evitar algunas de las cosas que los condujeron al fracaso.

PRIMERO PIENSA EN EL *QUÉ*, LUEGO EN EL *QUIÉN*

Según Anders Ericsson, autor de *Número uno: secretos para ser el mejor en lo que nos propongamos*, «La manera óptima de mejorar el desempeño es encontrar un maestro que haya estado enseñando a otras personas a alcanzar el nivel de desempeño que uno desea lograr».[2]

Muchas de las personas que nos rodean poseen sabiduría, pero no nos beneficiamos completamente de ellas simplemente por observarlas. Tenemos que involucrarnos profundamente con ellas para lograr el acceso a la sabiduría que tienen para ofrecernos.

Algunos amigos nos ayudan a mejorar y otros nos entorpecen el camino. Encontrarás que no todos están tan comprometidos con la superación como tú, y en tanto que ellos consideran que así está bien para ellos mismos eso puede resultar en un perjuicio para ti.

He descubierto que un compromiso compartido en cuanto a mejorar y alcanzar el éxito podría y debería ser un ingrediente que conduzca a una amistad gratificante. En mi experiencia, Five Friends (los cinco amigos) comenzó como un grupo de individuos cuya amistad luego llegó a abarcar un período de más de treinta años. Con el tiempo, a medida que compartíamos ideas y aprendíamos los unos de los otros, decidimos formalizar la relación y crear la marca que hoy colabora en áreas de redacción, producción de videos, entrenamiento y eventos.

INVOLÚCRATE EN UNA DIVERSIDAD DE MANERAS

Unirse a un grupo de estudio o a una asociación profesional es un excelente camino hacia la superación. La educación y el espacio comunitario que ese tipo de organizaciones brinda te ofrecerán tanto las ideas como el apoyo para progresar.

Otro camino es contratar a algún individuo que pueda asesorarte, instruirte o monitorearte de forma regular. El proceso para llevar a cabo esto debe ser a través de un acuerdo entre ambos.

Y aún otra manera es hacer algo que he practicado ya por algún tiempo: periódicamente llevo a cabo ciertas sesiones en mi oficina a las que invito a tres o cuatro personas que tengan ideas y perspectivas interesantes. Allí realizamos reuniones de dos horas para analizar algún tópico determinado.

La mejor forma de aprender de otros incluye tanto profundidad como diversidad.

ALGUNAS REGLAS PARA INVOLUCRARSE

1. Para convertirte en el mejor involúcrate con los mejores

Emular es una de las maneras más rápidas de aprender. ¿Sabes quiénes son los mejores en tu campo o área de interés? ¿Estás familiarizado con los que tienen el más alto desempeño? ¿A quién consideras como ejemplo para aprender de él?

No estudies simplemente qué es lo que hacen los mejores; asegúrate de aprender cómo piensan. Hacer algo sin entender el porqué resulta estúpido. Al conocer cómo piensan los mejores podrás evaluar lo que deberías estar haciendo.

2. Hazte dos preguntas

Primero: ¿Cómo harían esto los mejores?

Cuando ya te has decidido por un curso de acción, analiza la forma en que los mejores lo implementan y ejecutan. Estudia el proceso que los de máximo desempeño utilizan para lograr resultados.

¿Deseas ser un mejor orador? Estudia a los mejores, y presta tanta atención tanto a lo que dicen como a la manera en que lo dicen. Si necesitas que la gente entre en acción, estudia a los mejores oradores inspiracionales o motivacionales, y descubre cómo la elección de sus palabras, el uso de las historias, las variaciones de volumen, la velocidad en su forma de hablar y otras conductas contribuyen a su éxito.

Segundo: ¿Cómo podría hacerlo yo aún mejor?

Nadie tiene el monopolio de la perfección. Así como las personas de más alto rendimiento continúan tratando de mejorar, tú puedes descubrir lo que funciona ahora y buscar manera de pulirlo, ajustarlo y mejorarlo. No te atasques en el pasado. Desafíate a ti mismo buscando cómo superarte en las mejores prácticas, y realízalas aún mejor.

3. Considera las fuentes

A Ralph Waldo Emerson siempre le gustaba preguntarles a las personas con las que se encontraba: «¿Qué es lo que se te ha vuelto claro desde la última vez que nos vimos?». Quería obtener de los demás su consejo y sus mejores pensamientos.

¿Qué es un buen asesoramiento? Una información relevante para ti y tus negocios fundamentada en el punto en el que estés en ese determinado momento. El asesoramiento que llega demasiado pronto o demasiado tarde no te resultará de ayuda. Y tú debes ser receptivo hacia lo que se te sugiera hacer.

Pero recuerda lo que mi amigo Laffy Winget suele decir: «Ten cuidado con respecto a la persona de la que recibes asesoramiento. Escucha a aquellos que en realidad han hecho algo, no simplemente a los que hablan sobre lo que se ha hecho (generalmente realizado por otra persona)».

4. Sé un receptor calificado

Para beneficiarte más del asesoramiento de otros, necesitas cumplir con tres condiciones:

Encuentra la manera de relacionar el asesoramiento con tu trabajo, tus proyectos o tu desarrollo.
La relevancia del asesoramiento depende de la persona y de su situación.

Asegúrate de que el momento sea el adecuado para ti.
A veces el consejo llega cuando no estás en condiciones de aplicarlo inmediatamente. Tienes asuntos más urgentes o apremiantes que

atender, o no cuentas con los recursos necesarios. Si este es el caso, colócalo en tu lista «para hacer tan pronto como sea posible».

A veces se lo considera «un momento inadecuado» porque ese consejo resulta incómodo o doloroso. Necesitas esperar hasta que te sea posible aceptarlo con gracia.

Debes estar dispuesto a considerar sugerencias y a recibir consejo aún cuando eso te resulte difícil.

Puede ser que no te guste el consejo que estás recibiendo por ser doloroso o difícil de aceptar. Recuerda que los mejores consejos con frecuencia vienen de amigos y colegas que te aman lo suficiente como para decirte la verdad. No permitas que el disgusto que te cause ese consejo impida que reconozcas su valor.

5. Considera formar un grupo de mentes maestras

Un *grupo de mentes maestras* (o autores intelectuales) es un grupo de individuos muy motivados y comprometidos a ayudarse unos a otros a mejorar un área, o varias, de sus vidas.

Durante treinta años he pertenecido a varios grupos de mentes maestras, solidarios y exitosos. Como resultado, se me ha pedido que hablara y asesorara sobre cómo formar un grupo de estos autores intelectuales que fuera eficaz. Se trata de un tópico extenso, pero los pasos más importantes a tener en cuenta son los siguientes:

Primero, identificar razones específicas como para poder invitar a personas interesadas y de una mentalidad semejante a unirse a uno de estos grupos. La participación depende de que cada uno tenga claridad acerca de por qué existe ese grupo.

Luego, estar de acuerdo sobre los beneficios que los miembros desean obtener. La claridad es el primer paso, y la motivación el segundo.

Finalmente, conversar acerca de cómo puede participar cada uno de los miembros. Hacer que a las personas les resulte fácil poder convertirse en contribuyentes valiosos.

Lo más importante que he aprendido sobre estos grupos de autores intelectuales es lo siguiente: las personas deben beneficiarse mutuamente. Si no lo hacen, los miembros irán renunciando porque percibirán un desequilibrio. Inevitablemente alguno sentirá que está dando más de lo que recibe.

Una vez que se hayan establecido los propósitos principales del grupo, será necesario abordar estas preguntas logísticas:

- ¿Con cuánta frecuencia nos encontraremos?
- ¿Qué haremos cuando nos encontremos?
- ¿Qué sucederá en el ínterin (informes mensuales, llamadas en conferencia, reuniones personales)?
- ¿Cuál será el costo en tiempo, dinero y energía?

6. Devuelve el favor

Muchos de mis amigos que son oradores, consultores y expertos en diversos campos informan haber tenido experiencias similares. Se les pide quince minutos de su tiempo, o participar de un almuerzo juntos, o mantener una conversación tomando una taza de café, de manera que alguien (con frecuencia un extraño) pueda hurgar su mente.

Más allá de demandarles tiempo, la cosa más desalentadora que sucede luego de estos encuentros es... que no ocurre nada. No reciben una nota de agradecimiento ni un seguimiento de las acciones realizadas. Eso los hace sentir (y yo he pasado por experiencias similares) que fue una pérdida de tiempo. Por eso te sugiero que siempre «pagues por el consejo gratuito». Si entablas una conversación con alguien al que no conoces bien, explícale por qué le preguntas y lo que deseas hacer si el consultado está de acuerdo. Eso incluirá, al menos, pagarle la comida, y también ofrecerle llevar a cabo un seguimiento vía correo electrónico sobre lo que hagas con sus sugerencias. O realizar una donación a su centro de caridad favorito; o bien ofrecerle a ese experto recompensarlo por haberte compartido su experiencia.

Pero quizás la mejor manera de devolverle el favor es pasárselo a otro. Convertirte en un recurso para los demás y estar dispuesto a compartir, del mismo modo en que otros han compartido contigo.

Cualquier cosa que alguna vez hayas deseado conocer o aprender probablemente ya sea un tema dominado por alguien en la historia. Como lo señalé antes, hoy puedes acceder fácilmente a ese conocimiento por la Internet, y esa misma tecnología te permite relacionarte, escuchar, interactuar y aprender de otros. Pero ten en cuenta que en tanto resulta relativamente fácil acceder a la información, hacerlo mientras se construyen y mantienen relaciones resulta un arma aún más poderosa para tu arsenal de logros de progreso. Todo lo que tienes que hacer es relacionarte con mayor profundidad.

Acciones

1. Comienza con aquel que sabe más.
2. Solicita consejo, ideas y asesoramiento.
3. Relaciónate más profundamente y en una diversidad de formas.
4. Forma un grupo de mentes maestras.
5. Paga siempre por el consejo gratuito.

CÓMO PUEDO MEJORAR

Marty Grunder, dueño de Grunder Landscaping

Mejorar es un estado mental; uno tiene que querer hacerlo. Yo mejoro al pedir ayuda. Como empresario aprendí eso temprano, y treinta y cuatro años después, como dueño de una pequeña empresa próspera, sigo pidiendo ayuda. A mi equipo, a mis clientes, a mis consejeros, a mi banquero, a mi contador, a nuestros vendedores y hasta aún a los miembros del equipo que ya se han retirado, les pido que nos señalen lo que podríamos hacer mejor. Al principio me sentía un poco incómodo al pedir ayuda. Lo percibía como una señal de debilidad. Hoy soy un apasionado por mejorar. Busco maneras de agradar a mis clientes, de ahorrar dinero, de incrementar la rentabilidad, de reducir la alta rotación, de mejorar mis negocios, mi familia, mi salud, mi vida. Según mi forma de pensar, la única manera de mejorar es hacerles saber a todos que uno desea y necesita ayuda. Te sorprenderás al ver cuántos se acercan a prestar su asistencia.

CAPÍTULO 11

Expande tu capacidad

El secreto del vaso parcialmente lleno

> Lo más notable es que recordamos con mayor facilidad una vida abarrotada de cosas. Una vida con giros, logros, desilusiones, sorpresas y crisis es una vida llena de puntos de referencia. Una vida vacía muestra aun los pocos detalles de los que consta borrosamente, y no se logran recordar con certeza.
>
> —Eric Hoffer

¿El vaso está medio vacío o medio lleno?

La eterna pregunta, hecha para determinar si alguien es un optimista o un pesimista, puede responderse de varias maneras, algunas de ellas con humor. Por ejemplo, un ingeniero podría responder: «Ninguna de las dos cosas. Uno simplemente tiene un vaso de un tamaño doble del que necesita».

Pero existe una mejor manera de responder esa pregunta que con un «lleno» o un «vacío», o hasta con humor. De la forma en que yo lo veo, la respuesta es simple: «Hay lugar para más».

El vaso tiene algo adentro pero todavía queda espacio. Te sentirás bastante presionado a identificar tu vida como llena hasta la mitad, hasta los dos tercios o hasta el tope en cada una de las cuatro áreas de la Matriz Potencial. Y, aunque no sé lo que tú dirás, yo declaro con certeza: hay lugar para más.

Andrew Shapiro es una prueba de ello.

Inspirado por una batalla de cinco años contra el cáncer de la que su padre salió triunfador, Andrew, un muchacho que se encontraba cursando los primeros años de secundaria, tomó la determinación de establecer un nuevo récord mundial Guinness en los ejercicios de flexiones. Practicó incesantemente con la meta de establecer tres récords mundiales durante un evento de *Relay for Life* (carreras de relevos), en el municipio de Fairfax, Virginia.

A las 8.00 a.m. de un sábado comenzó con su maratón de flexiones. A las seis horas había completado 3.515 flexiones, un nuevo récord mundial. A las doce horas había realizado 5.742 flexiones, otro récord mundial. Entonces puso la mira en un último récord. La mayor cantidad de flexiones realizadas en veinticuatro horas, 6.800, había sido lograda por el atleta Jan Kares, de la República Checa, en el año 2015.

Al llegar a las quince horas, Shapiro había igualado el récord de veinticuatro horas alcanzado por Kares, y siguió adelante.

Después de dieciocho horas Shapiro se detuvo, habiendo realizado 7.306 flexiones. (Durante el proceso juntó 4.000 dólares para la Sociedad Americana del Cáncer).

Esos tres récords fueron la culminación de un entrenamiento extenso e intenso. Para lograr resistencia Andrew realizaba diez flexiones por minuto durante seis horas. Para pasar el rato miraba películas.

«Era sangre, sudor y horas, horas y horas de trabajo duro», recuerda. Se reconcilió con el dolor de músculos y las manos ampolladas.[1]

El desarrollo de la capacidad como para llegar al nivel de destreza de Andrew Shapiro se puede resumir en esta ecuación:

tiempo x esfuerzo = capacidad

Permíteme recordarte algo que ya dije antes: *Tú puedes mejorar en algo, pero no puedes mejorar en todo, por lo menos no significativamente.* ¿Por qué? Simplemente porque no hay suficiente tiempo. Llegar a ser de primera categoría en algo resulta extremadamente demandante. Por ejemplo, Andrew dejó el béisball durante toda una temporada para dedicarse a entrenar a tiempo completo y así poder establecer un récord más alto.

¿Qué estás dispuesto a entregar a cambio de la posibilidad de llegar a ser mejor? Los recursos que dedicas a volverte significativamente mejor en una determinada área no se pueden dedicar simultáneamente a otras áreas.

¿POR QUÉ AUMENTAR LA CAPACIDAD?

1. Aumentar la capacidad te proporciona más herramientas para conformar tu kit de instrumentos para la vida

Aunque Ross Ashby fue pionero en la ley de la variedad requerida dentro del contexto de regulación en la biología y en la manera en que los organismos se adaptan, existe una utilización práctica que dice que cuantos más ítems poseas en tu repertorio de talentos para la vida, con mayor éxito podrás manejar la gama y variedad de los desafíos que tengas que enfrentar.

2. Aumentar la capacidad aumenta tu resultado actual y tu potencial

Ser capaz de hacer algo bien y rápidamente eleva el resultado y libera tiempo para desarrollar capacidades adicionales.

3. Aumentar la capacidad apoya otras áreas de desarrollo y ejerce influencia sobre ellas

Cuando sabes qué estás intentando mejorar y cómo hacerlo, puedes desarrollar capacidades que se complementen entre ellas con ese fin.

4. Aumentar la capacidad se ve reafirmada por una confianza que se va construyendo capa tras capa

Que creas o no que puedes hacer algo determina que lo intentes o no. Cuando se trata de aprender, la confianza no es algo que uno tenga o no tenga. Más bien, se puede desarrollar por etapas y de distintos modos que pueden aumentar la disposición a intentar cosas nuevas.

CÓMO AUMENTAR TU CAPACIDAD Y CONFIANZA

1. Haz un inventario de lo que ya tienes

¿En qué eres bueno ya? Uno mejora tanto por *aprovechar* lo que ya conoce y las habilidades que ha desarrollado, como por *explorar* nuevas habilidades y conocimientos.

En la película *Puente de espías*, Mark Rylance interpreta al espía ruso Rudolf Abel, quien se mantiene calmo aun cuando es capturado y debe enfrentar terribles consecuencias. En diversas ocasiones, durante el film, a Abel se le pregunta por qué no se preocupa ni se altera. Su respuesta es: «¿Ayudaría en algo?».

Para aumentar tu capacidad necesitas hacerte esta misma pregunta con respecto a las cosas que llevas a cabo diariamente. ¿Cuáles son las habilidades que deseas desarrollar y las lecciones que quieres aprender? ¿Qué piensas que deberías hacer? Tienes que preguntarte: «¿Eso ayudaría?».

Si desarrollaras más plenamente una o dos habilidades y las implementaras frecuentemente, ¿eso marcaría una gran diferencia en tu superación personal y profesional?

¿Qué cosa que comenzaras a hacer y continuaras haciendo produciría un mayor dividendo, teniendo en cuenta la inversión de tiempo y esfuerzo que realizas?

2. Agrega habilidades complementarias

Según lo que John H. Zenger, Joseph Folkman y Scott Edinger escribieron en el *Harvard Business Review*, añadir fortalezas complementarias al paquete de habilidades que uno posee agrega un éxito significativo.

«Olvídate de tus debilidades y avanza», señala Zenger. «En la investigación que realizamos a más de 250.000 líderes descubrimos ciertas competencias específicas que producen resultados positivos. Aquellos líderes que son fuertes en determinadas competencias lograrán mucho más si se olvidan de corregir sus debilidades y se concentran en enriquecer aún más sus fortalezas».[2]

Estoy de acuerdo en que uno gana muy poco al enfocarse en solucionar primero las debilidades, a menos que alguna debilidad en particular esté atentando contra el logro de las metas.

Asegúrate de descubrir qué nuevas habilidades, si las desarrollaras, podrían mejorar las que ya posees, con miras a esa superación en el desempeño que tú deseas. Y analiza cuáles son las habilidades más importantes en tus áreas de prioridad. (Zenger y sus colegas, por ejemplo, estudiaron a los líderes y sus habilidades para el liderazgo).

3. Rastrea si hay progreso o regresión

La vaguedad en los objetivos crea resultados vagos. A menudo resulta difícil cuantificar las mejoras que uno desea, y también medirlas (a veces, hasta es más difícil). Escoger una capacidad específica que uno desea expandir resulta más eficaz que intentar mejorar partiendo de la nada.

Para determinar una manera de realizar el seguimiento de tu progreso comienza haciéndote una simple pregunta: ¿cómo sabré si estoy mejorando? Los sentimientos no constituyen un indicador preciso. Pueden mostrar tanto una confianza real como una falsa.

Una manera de medir si se ha expandido la capacidad es comparar el resultado nuevo con un resultado del pasado. Eso implica constatar si se ha mantenido el mismo nivel de esfuerzo. (Si uno se esfuerza el doble probablemente aumente el resultado, pero eso no constituye una prueba de que se haya expandido la capacidad).

A veces uno puede empeorar en vez de mejorar. Literalmente. Agregar nuevas habilidades e intentar cosas diferentes puede causar un desbalance. Lleva tiempo restablecer la rutina y beneficiarse con los agregados.

4. Practica todo lo que puedas

¿Tu jefe te ha pedido que comiences este día de trabajo dedicando algún tiempo a practicar lo que ya es tu tarea? (Me imagino que la respuesta es «no»).

¿Te tomaste un tiempo esta mañana para practicar las habilidades de las que depende tu subsistencia (y otras potenciales), mientras llevabas los niños a la escuela, batallabas en medio del tránsito y le echabas una mirada a la pila de papeles que sueles tener sobre el escritorio? (Otra vez, supongo que no).

Enfrentémoslo: la palabra «practicar» evoca imágenes de artistas, atletas y actores, no de la gente del entorno cotidiano. Así que, ¿dónde quedamos el resto de nosotros? Muy poca gente practica en la esfera del trabajo. Lo más cercano que llegan es a una especie de «práctica en proceso», con la esperanza de que cuánto más realicen su función de trabajo mejor lo harán. Y, con suerte, la práctica en proceso suele ayudar más que dañar.

Pero para convertirte en alguien de un desempeño destacado tendrás que aprender una manera diferente de practicar. En lugar de solo repetir el proceso, necesitarás aprender a ensayar «antes de actuar».

Puedes preguntarle a cualquier artista, atleta o actor. La práctica es la clave para un desempeño destacado. Sin ella tus días de actuación están contados.

«Si dejo de practicar un día yo lo noto; si dejo de hacerlo por dos días los críticos lo notan; si dejo tres días la audiencia lo nota». Se atribuye esta declaración a músicos como Liszt, von Bulow y Rubinstein, pero Ignacy Jan Paderewski recibió el crédito universal por utilizarla en 1911.

¿Recuerdas lo que es la práctica deliberada?

Si piensas que ese término sugiere que estoy hablando de algo que va más allá de una práctica corriente estás en lo cierto. Geoffrey Colvin, investigador y editor principal de la revista *Fortune*, establece una diferencia entre práctica y práctica deliberada en estos términos: «La razón por la que la mayoría de los golfistas no mejoran es porque simplemente se dedican a golpear una cubeta llena de bolas; eso no es una práctica deliberada. Golpearlas con el palo 300 veces teniendo como meta colocar la pelotita a menos de 20 pies del hoyo el ochenta por ciento de las veces, prestando atención continua a los resultados, realizando los ajustes apropiados y llevando a cabo esto durante cuatro horas por día eso sí es práctica deliberada».[3]

La práctica deliberada, intencional, se construye sobre lo que ya conocemos y usamos, es decir la repetición (llevada a cabo de forma correcta), y con la crítica constructiva de otros. Esta retroalimentación resulta fundamental. Siempre que sea posible busca la opinión de personas conocedoras que puedan observar tu desempeño o tu trabajo. Esa persona puede ser un gerente, un cliente, un compañero de trabajo, un compañero de equipo o algún otro que te brinde una evaluación honesta.

Teniendo en cuenta este ejemplo, no resulta difícil darse cuenta por qué es pequeño el grupo de personas que logra reunirse en la cima de cualquier montaña. La práctica intencional implica incorporar diariamente nuevas percepciones y comprensiones. En otras palabras, la práctica deliberada requiere aprender y luego construir sobre los frutos de ese aprendizaje.

5. Amplía tu experiencia

El Center for Creative Leadership (Centro de Liderazgo Creativo; CCL por sus siglas en inglés) ha estudiado la forma de desarrollar mejor las habilidades de liderazgo, y descubrió que muchas compañías la han entendido al revés.

La mayoría de las compañías les proporcionan a las personas entrenamiento y libros, y hasta puede que un programa de tutoría, pero raramente les presentan experiencias de liderazgo tomadas del mundo real a estos líderes emergentes.

El Centro de Liderazgo Creativo ha descubierto que la combinación final debería ser: un setenta por ciento de experiencias, un veinte por ciento de tutorías y un diez por ciento de material escrito, o sea libros.[4]

He descubierto que esto es así en mi trabajo de ayudar a los individuos a superarse.

Realizar las mismas cosas repetidamente te ayudará a dominarlas, pero no te ofrecerá un repertorio más amplio del que tienes para lograr una superación. Además de poner la mira en las habilidades clave, puedes ampliar tu experiencia a través de:

- intentar las cosas viejas de una nueva manera

- intentar cosas nuevas
- hacer lo contrario de lo que has venido haciendo
- intercambiar roles laborales temporalmente
- ofrecerte como voluntario para realizar tareas sin fines de lucro
- presidir un proyecto en tu iglesia

6. Desarrolla tu confianza por capas

La capacidad es tu habilidad para producir. La confianza es que creas en tu capacidad.

El éxito engendra confianza, y la confianza propicia el éxito. Pero esta no nos surge naturalmente a la mayoría de nosotros. Lamentablemente, solemos pensar que la tenemos o que no la tenemos. Según mis observaciones, la confianza tiene diversos matices y puede ir desarrollándose por capas. De la siguiente manera:

Comienza desde abajo y desarróllala.

Nivel 1: Confianza para intentar. La meta en este nivel es el intento de abordar una disciplina, no de alcanzar el éxito. Si solo realizamos aquello en lo que somos buenos no lograremos mucho en la vida. Uno raramente comienza en la cima. Se debe propiciar la comprensión acerca de lo que se siente al darle una nueva oportunidad a algo.

Nivel 2: Confianza para aprender. Aquí la meta es el crecimiento. Ya lo has intentado antes y has recibido algo de instrucción y de retroalimentación, así que ahora tienes confianza para crecer y superarte.

Nivel 3: Confianza para hacer. Ya has aprendido lo suficiente como para sentirte competente y poner en práctica lo que has aprendido sobre una base coherente. Crees en ti mismo y en tus habilidades.

Nivel 4: Confianza para dominar el tema. Aquí ya lo vives bien y con coherencia; lo suficiente como para enseñarlo a otros. Puedes replicar o reproducir tus habilidades y tu confianza.

7. Vuélvete más detallista

Busca matices de superación, las pequeñas cosas que hacen que la diferencia resulte notable o marcada.

Cuánto mejor llegues a ser, mayor será el desafío de volverte mejor. Cuando eres bueno haciendo cosas importantes solo puedes mejorar tu desempeño prestándole atención extra a las cosas pequeñas. Aquí está el poder de los matices.

Uno de mis asesores favoritos en lo referido a la oratoria profesional era un hombre llamado Ron Arden. Comenzó su carrera en el teatro y luego pasó los últimos años de su vida entrenando a oradores muy exitosos.

Ron era un maestro de los detalles. En una ocasión trabajé con él durante un día sobre mis habilidades en la oratoria. En ese momento él me pidió un video de una de mis presentaciones. Le envié un programa de una hora de duración, pensando que luego trabajaríamos sobre él durante las ocho horas que pasaríamos juntos.

En realidad, llegamos hasta el minuto ocho de mi presentación. Aprendí acerca del poder que tiene una pausa y cómo utilizarla para lograr un mayor impacto; acerca de los matices necesarios para comenzar un discurso con eficacia; acerca de cómo eliminar varios malos hábitos; y acerca de muchas otras cosas. Ron no daba vueltas ni desperdiciaba el tiempo de las personas. Era tan bueno analizando, comprendiendo y enseñando cómo utilizar los matices para mejorar que su asesoramiento resultaba tan brillante como rápido.

Acciones

1. Realiza un inventario de tu capacidad actual.
2. Agrega habilidades complementarias.
3. Rastrea tu progreso o tu regresión.
4. Practica todo lo que puedas.
5. Expande tu experiencia.
6. Construye tu confianza capa por capa.
7. Vuélvete detallista.

CÓMO PUEDO MEJORAR

Peter Lynch, director de talento global, Great-West Financial

Continúo mejorando al enfocarme en el progreso y no en la perfección. La perfección detiene el movimiento porque parece inalcanzable. Cuando simplifico lo que intento conseguir a algo más manejable, puedo percibirme del progreso que obtengo y utilizo ese ímpetu para seguir avanzando. Una forma por la que consigo esto es usando la técnica del «¿Qué haré hoy?». No me permito escribir ninguna acción o meta sin definir lo que haré hoy para alcanzarla. Esto me propulsa a la acción, y múltiples acciones pequeñas crean el impulso que necesito para ganar o mejorar.

CAPÍTULO 12

Lo que importa

Cómo una charla sobre seguridad al usar un cuchillo de caza cambió mi vida

Nuestro mayor temor no debería ser sufrir un fracaso, sino lograr éxito en algo que en realidad no tiene importancia.

—D. L. MOODY

¿Alguna vez te preguntaste cómo has acabado trabajando en lo que haces ahora para ganarte la vida? Yo sé cómo fue que me convertí en un orador profesional, pero me llevó veinticinco años descubrir el porqué.

Fue a causa de un fracaso desdichado y humillante que sufrí. Al comenzar el libro señalé que cuando niño yo no era bueno en la mayoría de las cosas. Fui bendecido con padres excelentes y tuve la buena fortuna de crecer en una granja en funcionamiento, en la que desarrollé una fuerte ética del trabajo (no es que tuviera otra elección).

Estaba excedido de peso, no era bueno para los deportes y se me consideraba un estudiante sobresaliente; esas tres cosas sirvieron para que algunos me mortificaran. Con frecuencia. No tuve una infancia desdichada pero sí llena de obstáculos y desafíos.

A la edad de diez años ya era miembro de 4-H, una tremenda organización constituida en 1902 en Ohio, mi estado natal. En ese tiempo la organización atendía primariamente a los jóvenes del área rural, pero hoy cuenta con seis millones de estudiantes y veinticinco millones de exalumnos como miembros. El nombre de mi club, 4-H (y no lo estoy inventando) significa The Happy Hayseeds (Los felices campesinos «palurdos»).

Todavía recuerdo la Promesa 4-H, que podría resultar central con respecto al contenido de este libro:

Comprometo mi cabeza a desarrollar una mejor manera
    de pensar,
Mi corazón a desarrollar una mayor lealtad,
Mis manos, a un servicio más amplio,
Y mi salud a vivir de un modo mejor,
Por mi club, por mi comunidad, por mi país, y por mi mundo.[1]

He aprendido mucho de 4-H. El liderazgo temprano, las habilidades sociales y el desarrollo de carácter que me transmitieron me resultaron invalorables.

Entre las muchas competencias que 4-H ofrecía había algunas que ayudaban a desarrollar habilidades para la vida. Una de ellas era un concurso de oratoria. Pero no un concurso cualquiera, sino (en mi época) un concurso de oratoria sobre seguridad.

Las reglas eran simples: cada competidor tenía entre tres y cinco minutos para presentar un discurso relacionado con el tópico. Mi club necesitaba un representante. Yo no me ofrecí, pero alguien hizo esta suposición: el gordito tiene buenas notas, ¡él puede hacerlo! De esa manera entré en mi primer concurso de oratoria.

Tengan en cuenta que esto fue casi cincuenta años atrás, y puedo recordarlo como si hubiese sido ayer.

Mi discurso fue sobre «seguridad al usar un cuchillo de caza» (sí, un tópico muy popular). Habían colocado un atril sobre una mesa de seis pies (1,80 m) de largo. A mi izquierda había una audiencia compuesta por mis competidores y sus padres. A mi derecha, otra mesa de seis pies con tres jueces sentados ante ella.

Hagamos una pausa. ¿Alguna vez hiciste las cosas tan mal, te sentiste tan humillado y fracasaste tan completamente que el recuerdo de ese momento quedó marcado en tu memoria? A todos nos ha pasado. La primera vez que me ocurrió a mí fue ese día.

Podía sentir la sangre subiéndome hasta el cuello. Hubo tropiezos, titubeos, nuevos comienzos, tartamudeos, detenciones y nuevos intentos. Fueron los pocos minutos más largos de mi vida joven. No necesito decir que no gané. No me clasifiqué. No obtuve ninguna mención de honor, y ni siquiera un distintivo por haber participado.

Y recuerdo que por primera vez me enfrenté con una decisión que en algún momento todos tenemos que tomar y, en general, más de una vez.

Cuando uno se ve confrontado con esa clase de revés, derrota o desilusión, ¿qué es lo que hace?

La respuesta más frecuente es: «Qué importa de todos modos». Estuve allí, lo hice, obtuve la camiseta… ¡Sigamos adelante ahora!

Con el paso de los años he llegado a descubrir que cuando alguien dice que de todos modos le da igual, la mayoría de las veces no es así. Pero decirlo es una manera de minimizar el dolor y la decepción, y seguir adelante con rapidez.

Existe otra respuesta a situaciones como esa, y es: «En realidad sí importa».

Esa es la decisión que yo tomé. No quiero atribuirlo a una madurez o sabiduría avanzada de mi parte. Si tuviera que mencionar algún factor, lo atribuiría a mis padres, que hicieron lo mejor que pudieron para criarme en la forma correcta. Pero, aún estando perturbado, tomé una decisión: «Esto es importante. Nunca más quiero volver a sentirme de esta manera cuando hable en público. Quiero tomar dominio sobre esta cuestión».

Y esa elección me puso en camino. Me anoté en cada competencia de oratoria pública para jóvenes que pude encontrar. El Rotary, Ruritan, Optimist Oratorical fueron algunas de las organizaciones que ofrecieron a los jóvenes la oportunidad de desarrollar su habilidad en la oratoria.

Observé, aprendí, estudié y practiqué, todo persiguiendo una sola cosa: mejorar.

Hace poco me pregunté: «¿Qué hubiera sucedido si me hubiera ido bien en aquel concurso? ¿Qué estaría haciendo ahora si hubiera terminado primero, segundo o tercero, y hubiera considerado que al intentar algo nuevo lo había logrado bastante bien? ¿Qué hubiera seguido después?». No lo sé con certeza, pero estoy convencido de que no sería un orador profesional.

Existe la creencia de que aquellos que avanzan hacia el logro de grandes objetivos es porque tuvieron un comienzo exitoso que les abrió el apetito por seguir intentando. Eso puede ocurrir a veces.

Pero en otras ocasiones el éxito nace a partir de un triste fracaso. Ese tipo de emoción negativa que uno nunca desearía experimentar vuelve a impulsarnos, nos lleva a sobreponernos, a intentar dominar la situación, a triunfar. No quiero parecer melodramático, pero esa es mi historia. Y tal vez también la tuya. Porque muchos de nosotros alcanzamos el éxito «a pesar de», y no solo «a causa de». Llegar a ser bueno y continuar mejorando no se produce siempre (ni frecuentemente) como resultado de tener una genética superior o de ciertas circunstancias fortuitas. Tiene que ver con tomar una decisión y luego hacer algo al respecto.

He descubierto que aquellos que son líderes (en cualquier terreno) saben qué es lo que verdaderamente importa. Eso los hace hombres y mujeres de principios y convicciones. Pero no es suficiente.

Consideremos la manera en que podemos llegar a saber qué es lo que realmente importa y lo que cuenta para los demás.

¿QUÉ ES LO QUE TE IMPORTA?

¿Cómo respondes a la pregunta sobre qué es lo que te importa? Muchas cosas importan poco, pero solo pocas importan mucho. Si todo importara del mismo modo nada importaría demasiado. Es necesario separar y delimitar lo que resulta en realidad significativo para tu vida, a menos que quieras pasar de una actividad a otra sin saber nunca dónde enfocar tu atención primordialmente. Se trata de las cosas en las que inviertes mayor cantidad de tiempo, energía, emoción y dinero. Son las que te entusiasman más, te incentivan a luchar o te activan.

Así que cuando reflexiones acerca de las mayores cuestiones de tu vida, considera qué es lo que más te importa en tu

- vida
- relaciones
- negocios
- fe

EL SENTIDO DE LAS COSAS TE MUESTRA QUÉ ES LO QUE IMPORTA

«El hombre no puede soportar una vida sin sentido».

—CARL JUNG

Cuando no le encuentras mucho sentido a lo que haces, no le vas a aportar valor a eso que estás haciendo. Mostrarle a la gente el sentido que tiene tu trabajo te ayuda a hacer que les importe. ¿Cómo hacerlo? Ponerle sentido a lo que se hace es algo inherente o infundido.

Resulta fácil detectar el significado de un trabajo bajo ciertas circunstancias, tales como el caso de una institución sin fines de lucro que sirve a los que no tienen hogar, o de una firma de biotecnología que muestra una tecnología de vanguardia en la investigación del cáncer. En esos casos, a todos los que juegan diferentes roles debe recordárseles que lo que hacen es en apoyo de algo con un significado mayor.

A veces el trabajo en sí mismo no presenta de inmediato un significado aparente, así que hace falta infundirle razones con significado. Cómo trabajas, por qué lo haces y para quién lo haces son todas áreas en las que se puede encontrar significado. Los líderes también pueden hacer que los demás se interesen en lo importante.

En cierta ocasión alguien que no lograba encontrar el propósito particular de su vida me preguntó qué debía hacer. Lo alenté a seguir buscando cuál sería ese propósito, pero que en el ínterin hiciera las cosas que realizaba cada día intencionadamente. Mi amigo estaba buscando el propósito singular y dominante. Le sugerí que encontrara un micropropósito o una razón superior para aquello que hacía.

Si no existe un significado más alto (y a menudo es así) en lo que tú o algún colega tuyo hacen cada día, entonces, realiza el trabajo de manera significativa. Si no puedes encontrar el propósito de tu vida, persigue el propósito que tenga ese momento.

TU COMPROMISO DEMUESTRA QUE TÚ PIENSAS LAS COSAS

«Si respetas a las personas tal como son, puedes volverte más eficiente al ayudarlas a ser mejores aún».

—John W. Gardner

Comprometerte a apoyar a los demás en su búsqueda por mejorar es la mejor manera de demostrar que lo que tú sientes realmente importa.

El compromiso es el precio que todos debemos pagar para obtener resultados notables.

El cuidado y la preocupación por aquellos a los que dirigimos, con los que trabajamos o a los que servimos evidencian que nuestros esfuerzos de superación no son un simple intento de progresar y adelantarnos a ellos en beneficio propio. Más bien constituyen una prueba de que creemos en hacer el mejor trabajo posible, y en continuar mejorándolo y perfeccionándolo.

El compromiso tiene que ver con una decisión tomada acerca de lo que haremos, independientemente de lo que sintamos. Los sentimientos pueden ser de corta duración y variables, pero el compromiso indica que uno ha calculado cuidadosamente el costo y hará lo que ha dicho aún cuando los sentimientos fluctúen.

Aprenderás mucho cuando te comprometas a enseñar y a mostrarles a otros cómo superar su mejor marca. Sentirse alentado para dar inicio al proceso, o para continuarlo, resulta valioso, como también el reconocimiento y el aprecio de aquellos que realizan bien su trabajo.

HAZ QUE TU DESEMPEÑO IMPORTE Y REALÍZALO AÚN MEJOR

«Donde sea que te encuentres y cualquiera sean tus circunstancias, ofrece una actuación impecable».

—Epictetus

El bloguero Benjamin Hardy lo dice muy elocuentemente: «Cuanto mayor éxito alcanzas, menos puedes justificar la baja calidad. Más necesario resulta que te enfoques. Que tus conductas diarias sean regularmente de alta calidad, y de una alta calidad en aumento».[2]

Al comienzo del libro señalé que yo había sido inspirado por desempeños de gran maestría. Los desempeños con mayor visibilidad normalmente se llevan a cabo en eventos deportivos como las Olimpiadas, por equipos deportivos profesionales, o en eventos como conciertos y obras de teatro. Pero un gran desempeño por parte del representante calificado de un servicio al consumidor, de un técnico en reparaciones, de una gerente intermedia al hacer una presentación ante su equipo, o del operador de un restaurante al proporcionar una experiencia extraordinaria en el servicio de una cena, resultan tanto o más inspirador.

¿Por qué? Nos damos cuenta de que pocos de nosotros podremos alcanzar grandes niveles de atención pública a través de nuestro desempeño. Pero los ejemplos recién citados nos recuerdan que las actividades corrientes que realizamos cada día pueden inspirar a otros, y que todos nosotros podemos llevarlas a cabo un poco mejor al día siguiente si asumimos el compromiso de mantenernos mejorando.

Una actuación impecable en tu trabajo, en el refugio del que eres voluntario los fines de semana o mientras entrenas al equipo de fútbol de tu hija nunca logrará llamar la atención más que de unos pocos. Sin embargo, puede ser un recordatorio sobre el poder que tiene el hacer algo maximizando la capacidad de uno, y con el compromiso de realizarlo aún mejor la siguiente vez.

NO EXISTE CONCLUSIÓN

Hablar sobre cómo superar lo mejor que hemos logrado requiere el uso de técnicas y listas que vuelvan los conceptos comprensibles y aplicables. Pero la superación constante no es algo lineal, una superautopista directa que nos conduce a un mejoramiento que se puede definir en tres, seis o diez pasos. Nos gustaría pensar que las cosas pueden ser así pero generalmente no lo son.

No existe conclusión en el tema de mejorar porque ninguno de nosotros sabe cuán bueno puede llegar a ser. Nuestro principio potencial no tiene un punto final. La mejor estrategia que puedo proponer es que nos esforcemos para que el mejoramiento se convierta primero en una mentalidad y después en un hábito. Debes pensar siempre cómo realizar un poco mejor las cosas que son más importantes para ti. Encuentra cada día una nueva forma de realzar, enriquecer o mejorar algo de lo que haces para ti mismo o para los demás.

Y recuerda: conocer lo que importa y trabajar junto con otros individuos que tengan la misma mentalidad no solo te hace mejor a ti. También mejora tu

- hogar
- trabajo
- comunidad
- nación
- mundo

Tú necesitas superar lo mejor que hayas alcanzado y el mundo también lo necesita.

Acciones

1. Deja en claro lo que más te importa.
2. Haz que las cosas importantes puedan importarles a otros a través del significado y el compromiso.
3. Enseña, alienta y reconoce las mejoras de los demás.
4. Haz que tu desempeño importe.
5. Establece una mejor mentalidad y un mejor hábito.

Reconocimientos

Se requiere de un equipo para crear un buen libro, y yo soy afortunado por tener muchas personas magníficas en mi equipo. Quiero agradecer a Matt Yates, de Yates and Yates, mi agente literario y gran amigo, que disfruta de las mismas cosas buenas de la vida que yo disfruto.

A Web Younce, mi excelente editor en este proyecto, que realmente me ayudó a hacer de este un mejor libro. También a todo el equipo de Thomas Nelson y Grupo Nelson.

A mis amigos muy exitosos que me hablaron de la manera en que ellos procuran superarse: el doctor Nido Qubein, John Bledsoe, Joe Calloway, Larry Winget, Randy Pennington, Scott Mckain, Ken Philbrick, Lisa Ford, Peter Lynch y Mark Shupe.

A Peter Lynch y Eric Chester, que fueron dos compañeros clave en cuanto a las lluvias de ideas y al abordaje sólido. Ellos han sido también dos amigos cercanos durante muchos años.

A Dannielle Thompson, Helen Broder y Rebecca Huron, que me ayudaron a mantenerme en reserva y ocupado, y que constituyen una parte invalorable del equipo de Sanborn & Associates, Inc.

A los Cinco Amigos, que en primer lugar son mis amigos más cercanos y mis confidentes y, en segundo lugar, los compañeros de negocios que me inspiraron al realizar diversos esfuerzos de colaboración. Ellos son Joe Calloway, Scott Mckain, Randy Pennington y Larry Winget (y, para evitar confusiones, diré que yo soy el quinto amigo).

A mis muchachos, Hunter y Jackson, que me hacen sentir orgulloso de ser su padre. Vivo mi vida con la esperanza de inspirarlos a expresar plenamente su potencial.

Y, por supuesto, a mi bella esposa Darla, que es mi mejor y más fuerte crítica en lo tocante a dar discursos o escribir. Ella ha sido el amor de mi vida durante más de veinte años.

Dieciséis combinaciones para mejorar la matriz y los logros

INTERRUMPE TU PENSAMIENTO

Sobre un tópico en el que las posiciones estén encontradas, aprende lo bastante como para argumentar convincentemente a favor de aquella perspectiva que no es la tuya.

Busca aquellas creencias que son erróneas o que ya no te sirven adecuadamente.

Utiliza la técnica de «borrón y cuenta nueva»: ¿Qué harías en tu negocio o en tu carrera si fueras a comenzar todo de nuevo?

INTERRUMPE TU DESEMPEÑO

Elige un proceso o una rutina que cambiar, sea la forma en que conduces una reunión, la manera en que te preparas para un llamado de ventas o la forma en la que presentas a tu equipo. Cámbiala encontrando alguna cosa nueva y diferente que intentar.

Pídele a alguien en quien confíes que lisa y llanamente haga un comentario negativo con respecto a lo que necesitas cambiar o hacer de otro modo para lograr una superación.

Observa a alguien que haga lo mismo que tú, o quizás algo similar. ¿Qué es lo que hace diferente de lo que haces tú? ¿Qué puedes aprender del abordaje de esa persona?

INTERRUMPE TU APRENDIZAJE

Lee (o vuelve a leer) un libro clásico en tu área principal de experiencia. ¿Qué ha cambiado en ese campo desde que el libro fue escrito? ¿Qué es lo que no ha cambiado?

Haz una rápida inmersión en un tema sobre el que nunca hayas pensado aprender algo antes.

¿Qué modalidades de aprendizaje (en un aula, seminarios por la red, estudio independiente y otros) utilizas menos? Programa una sesión de aprendizaje utilizando esa modalidad.

INTERRUMPE TU REFLEXIÓN

Elige un lugar diferente del que normalmente usas para realizar algo de reflexión. Si generalmente lo haces en una ubicación silenciosa, ve a un lugar ruidoso. ¿Puedes superar ese desafío circunstancial?

Identifica los surcos por los que pasa tu reflexión. ¿Qué es lo que te lleva a que te resistas a invertir en este esfuerzo? ¿Qué haces durante una introspección que te aburre?

Considera las alternativas que tienes (si las hay) a la reflexión. ¿Existen otros procesos que podrían darte un resultado similar?

INVOLUCRA A OTROS EN TU PENSAMIENTO

Si has leído un libro de un autor que verdaderamente te haya sido de ayuda, mira qué otra cosa ha escrito y lee más.

Invita a un amigo a tomar una taza de café y entrevístalo sobre lo más importante que ha aprendido en su vida.

Envíale a alguien que admiras dos o tres breves preguntas y pídele que te responda vía correo electrónico, si es que está dispuesto a hacerlo.

INVOLUCRA A OTROS EN TU DESEMPEÑO

¿Quiénes consideras que están entre los mejores en el área de lo que tú haces? Analiza cómo lo hacen. Contrata un entrenador que te ayude en una habilidad en particular que quisieras mejorar.

Considera cómo involucrar a otros directamente en tu trabajo para volverlo más interesante e interactivo.

INVOLUCRA A OTROS EN TU APRENDIZAJE

Lleva dos listas de las cosas que has aprendido al involucrarte con otros, una referida a las ideas y prácticas buenas, y otra a las ideas y prácticas malas. Aprende tanto de lo bueno como de lo malo.

Pregúntales a tus consejeros más sabios qué libro te recomiendan leer.

Crea un grupo privado de medios de comunicación social que se enfoque en mejorar algún proceso o habilidad en particular, y pídeles a individuos con una mentalidad semejante que aporten ideas.

INVOLUCRA A OTROS EN TU REFLEXIÓN

Pregúntale a un amigo sabio acerca de sus mejores prácticas de reflexión.

Lleva a cabo una sesión de reflexión con tu cónyuge, o un amigo cercano, y háganse preguntas el uno al otro que estimulen la introspección.

Lee a los antiguos místicos y escritores religiosos que admiras, y aprende sobre cómo cultivaban ellos su vida interior.

(RE)ENFOCA TU PENSAMIENTO

Lleva un registro de las lecciones más significativas que aprendes cada día.

¿Sobre qué tópicos lees que entran más en la categoría de interesantes que en la de informativos? ¿Podrías liberar tiempo dejando de leerlos o reemplazándolos?

Identifica tópicos que marquen tendencia e indica cuáles tendrían mayor impacto sobre tus negocios. Elige uno o dos para pensar en ellos y estudiarlos ahora.

(RE)ENFOCA TU DESEMPEÑO

¿Qué hiciste en el pasado que necesitas comenzar a hacer de nuevo?

Repasa tu actividad durante las últimas dos semanas. Señala tres o cuatro conductas o acciones que hayan logrado los mejores resultados.

¿Qué puedes hacer para eliminar distracciones en las actividades importantes que realizas cada día?

(RE)ENFOCA TU APRENDIZAJE

Programa una sesión de treinta minutos solo para aprender, libre de cualquier distracción o interrupción.

Considera si lo que estás aprendiendo en la actualidad está en línea con tus metas más importantes y con tus principales prioridades.

¿Qué necesitas «desaprender»? O sea, ¿qué creías anteriormente que ya no consideras que sea verdadero?

(RE)ENFOCA TU REFLEXIÓN

¿Has hecho uso de la reflexión y la introspección en el pasado? Si es así, ¿todavía lo sigues haciendo? Si no, ¿por qué?

Dedica una sesión de reflexión a considerar cada uno de los cuatro cuadrantes de la Matriz Potencial (sí, es posible reflexionar sobre la reflexión).

Programa quince minutos diarios para dedicarlos a la reflexión.

AUMENTA TU CAPACIDAD DE PENSAR

Comienza a pensar proactivamente sobre tu vida en general o tu profesión en particular durante quince minutos diarios, con la meta de llegar a los treinta minutos más adelante.

Investiga cuál es el mejor blog que se puede encontrar acerca de cómo pensar mejor y léelo con regularidad.

Sumérgete más profundamente en algo sobre lo que has estado pensando; vuélvete más detallista.

AUMENTA TU CAPACIDAD DE DESEMPEÑO

¿Qué entrenamiento enfocado hacia el desarrollo de las habilidades te beneficiaría más? Anótate para cursarlo.

Aparta un tiempo para practicar, que incluya intercambio de roles, ensayos o la realización de tareas específicas que mejoren tus habilidades.

Elige una nueva actividad para intentar construir una primera capa de confianza, independientemente de los resultados que produzca.

AUMENTA TU CAPACIDAD DE APRENDIZAJE

Mejora en tu aprendizaje. Busca claves para aprender más rápido, retener más de aquello que aprendes o incluir nuevas modalidades de aprendizaje.

Piensa cuáles serían las nuevas habilidades que podrías desarrollar que complementarán mejor tus habilidades primarias.

Elige un tema que deseas en verdad que tu hijo o tu hija comprendan y enséñaselo.

AUMENTA TU CAPACIDAD DE REFLEXIÓN

Considera la forma en que podrías usar la reflexión y la introspección de un modo más eficaz.

Lleva un diario de tus reflexiones.

Periódicamente separa tiempo para reflexionar durante el día. Elige algo que te resulte problemático o desafiante, y reflexiona acerca de lo que necesitas pensar, sentir o hacer al respecto.

Las ocho preguntas que ayudan a que lo mejor resulte aún mejor

MEJORAMIENTO DE LA MATRIZ:

¿Cómo puedo mejorar mi desempeño?
¿Cómo puedo mejorar mi aprendizaje?
¿Cómo puedo mejorar mi reflexión?
¿Cómo puedo mejorar mi pensamiento?

MEJORAMIENTO EN AVANCE:

En mi vida, ¿a quién necesito interrumpir? ¿O qué cosa? ¿De qué manera puedo involucrar mejor a otros?
¿En qué necesito (re)enfocarme?
¿Cómo puedo aumentar mi capacidad en lo referido a mis habilidades y talentos?

Notas

Capítulo 1: El principio potencial

1. *Top Gun*, dirigida por Tony Scott (1986; Hollywood: Paramount, 2006), DVD.

Capítulo 2: ¿Por qué mejorar?

1. Ben Lowings, «Cannibal Theory for Locust Swarms», BBC News, actualizado 12 mayo 2008, http://news.bbc.co.uk/2/h/7395356.stm.

2. Ver «Surgery's Far Frontier: Head Transplants», de Shirley Wang, *Wall Street Journal*, 5 junio 2015, http://www.wsj.com/articles/surgerys-far-frontier-head-transplants-1433525830.

Capítulo 4: Priorizar el desempeño

1. «Jack LaLanne, «Godfather of Fitness», dies at 96», *Consumer Reports*, 24 enero 2011, http://www.consumerreports.org/cro/news/2011/01/jack-lalanne-godfather-of-fitness-dies-at-96/index.htm. http://www.consumerreports.org/cro/news/2011/01/jack-lalanne-godfather-of-fitness-dies-at-96/index.htm.

2. George Leonard, *Mastery: The Keys to Long-Term Success and Fulfillment*, reedición (Nueva York: Plume, 1992), pp. 14-15.

3. Anders Ericsson y Robert Pool, «Malcolm Gladwell Got Us Wrong: Our Research Was Key to the 10,000-Hour Rule, but Here's

What Got Oversimplified», *Salon*, 10 abril 2016, http://www.
salon.com/2016/04/10/malcolm_gladwell_got_us_wrong_our_
research_was_key_to_the_10000_hour_rule_but_heres_what_got_
oversimplified/.

4. Ibíd.

5. Atul Gawande, *El efecto Checklist: cómo una simple lista de
comprobación elimina errores y salva vidas* (Barcelona: Editorial
Antoni Bosch, 2000).

Capítulo 5: Aprendizaje aventajado

1. Cristine Andes, «Waiting Tables to NASA: How Education Changed
My Life», *Shriver Report*, 4 octubre 2013, http://shriverreport.org/
waiting-tables-to-nasa-how-education-changed-my-life-cristine-
andes/.

2. Kevin Kelly, *The Inevitable: Understanding the 12 Technological
Forces That Will Shape Our Future* (Nueva York: Viking, 2016),
pp. 10-11.

3. Charlie Munger, discurso de inauguración, USC Law School, 13
mayo 2007, publicado en Joe Koster, *Value Investing World* (blog),
17 mayo 2007, https://aboveaverageodds.files.wordpress.com/2009
/12/charlie-munger-usc-law-school-commencement.may-2007.pdf.

4. John Dunlosky et al., «Which Study Strategies Make the Grade?»,
sitio web para la «Association for Psychological Science», accedido
25 octubre 2016, http://www.psycologicalscience.org/index.php/
news/releases/which-study-strategies-make-the-grade.html.

5. Shane Parrish, «The Best Way to Learn Anything: The
Feynman Technique», *Farnam Street* (blog), 26 abril
2012. https://www.farnamstreetblog.com/2012/04/
learn-anything-faster-with-the-feynman-technique/.

Capítulo 6: Un pensamiento más profundo

1. «NGA Sculpture Galleries: Auguste Rodin», sitio web para la Nacional Gallery of Art, zona 2, accedido 25 octubre 2016. http://www.nga.gov/collection/sculpture/flash/zone2-2.htm.

2. Adrienne M. Harrison, *A Powerful Mind: The Self-Education of George Washington* (Lincoln, NE: Potomac Books, 2015), p. 56.

3. Frank Rodríguez, «Learning How to Learn: Reflecting on the Work of Alvin Toffler», *Insight* (el blog de la Universidad de Oklahoma, El Colelgio de Artes Liberales), 30 abril 2015, http://clsblog.ou.edu/learning-learn-reflecting-work-alvin-toffler/.

4. Mike Sager, «What I've Learned: Jack Nicholson», *Esquire*, 29 enero 2007. http://www.esquire.com/entertainment/interviews/a1956/esq0104-jan-jack/.

Capítulo 7: Introspección perspicaz

1. Teddy Wayne, «The End of Reflections», Future Tense, *New York Times*, 11 junio 2016, http://www.nytimes.com/2016/06/12/fashion/internet-technology-phones-introspection.html.

Capítulo 8: Interrúmpete tú mismo

1. Sandi Mann, «Why Are We So Bored?» *Guardian* (UK), 24 abril 2016. https://www.theguardian.com/lifeandstyle/2016/apr/24/why-are-we-so-bored.

2. C. S. Lewis, *Surprised by Joy: The Shape of My Early Life* (Orlando: Harcourt, 1966), pp. 206-7. [*Cautivado por la alegría* (Madrid: Encuentro, 2016)].

Capítulo 9: (re)Enfócate

1. Claudia Wallis, «The Multitasking Generation» *Time*, 19 marzo 2006, http://www.fritzhubbard.org/words/The_Multitasking_Generation.pdf.

2. Nancy K. Napier, «The Myth of Multitasking», *Psychology Today*, 12 mayo 2014. http://www.psychologytoday.com/blog/creativity-without-borders/201405/the-myth-multitasking.

3. http://nymag.com/scienceofus/2016/01/attention-residue-is-ruining-your-concentration.html.

4. Rick Warren, «The Battle for Your Mind», sermón entregado en Desiring God 2010 National Conference, 1 octubre 2010. http://www.desiringgod.org/messages/the-battle-for-your-mind.

Capítulo 10: Involúcrate con otros

1. Uncommon Friends Foundation, *Lessons Learned from the Uncommon Friends: A Curriculum for Emerging Leaders* (Fort Myers, Uncommon Friends Foundation, s.f.), 2, https://uncommonfriends.org/docs/lessons1.pdf.

2. Anders Ericsson, citado por Cory Turner, «Practice Makes Possible: What We Learn by Studying Amazing Kids», 1 junio 2016, tomado de una entrevista con Ericsson, tal como se escuchó en *All Things Considered*, NPR, http://www.npr.org/sections/ed/2016/06/01/479335421/practice-makes-possible-what-we-learn-by-studying-amazing-kids.

Capítulo 11: Expande tu capacidad

1. T. Rees Shapiro, «No Sweat: High School Junior Completes 7,000 Pull-Ups to Shatter World Records», *Washington Post*, 17 mayo 2016. https://www.washingtonpost.com/news/education/wp/2016/05/17/no-sweat-high-school-junior-completes-7000-pull-ups-to-shatter-world-records/.

2. Cheryl Snapp Conner, «Becoming Indispensable: Zenger Folkman Feature in *Harvard Business Review* Gives New and Proven Strategies for Taking Careers to the Top», Business Wire, 21 septiembre 2011.

htpp://www.businesswire.com/news/home/20110921005181/en/
Indispensable-Zenger-Folkman-Feature-Harvard-Business-Review.

3. Geoffrey Colvin, «What It Takes to Be Great»», Fortune, 19 octubre
2006, http://archive.fortune.com/magazines/fortune/fortune_
archive/2006/10/30/8391794/index.htm.

4. Center for Creative Leadership, http://ccl.org.

Capítulo 12: Lo que importa

1. «4-H Pledge», 4-H.org, accedido 26 octubre 2016, http://4-h.org/
about/what-is-4-h/4-h-pledge/

2. Benjamin P. Hardy, «Why Most People Will Never Be Successful»,
The Mission, 25 junio 2016, https://medium.com/the-mission/why-
most-people-will-never-be-successful-aa52e333a59c#.u47wd4my1.

Acerca del autor

Mark Sanborn es el presidente de Sanborn & Associates, Inc., un laboratorio de ideas para el desarrollo del liderazgo a fin de convertir lo ordinario en extraordinario. Mark fue incluido por Leadership gurus.net entre los treinta expertos en liderazgo más importantes del mundo. Es un orador galardonado, y ha escrito ocho libros, entre los que se encuentra *El factor Fred*, un *best seller* a nivel internacional señalado como *best seller* también por el *New York Times, Business Week* y el *Wall Street Journal*. Vive en Highlands, Colorado, con su esposa y familia.

📞 (303) 683-0714

🅴 @Mark_Sanborn

🖥 MarkSanborn.com